Stutzer
Altes Handwerk in Bayern

Stöppel-Kaleidoskop 602

Dietmar Stutzer

Altes Handwerk in Bayern
Arbeit und Technik
vom 8. bis ins 19. Jahrhundert

CIP-Titelaufnahme der Deutschen Bibliothek

Stutzer, Dietmar:
Altes Handwerk in Bayern: Arbeit u. Technik vom 8. bis ins 19. Jh./
Dietmar Stutzer. – Weilheim: Stöppel, 1988
   (Stöppel-Kaleidoskop; 602: Reihe: Handwerk, Technik)
   ISBN 3-89306-602-0
NE: GT

© 1988 Stöppel-Verlag, D-8120 Weilheim

Lektorat: Marianne Faiss-Heilmannseder, München
Gesamtherstellung: Volker Linn, Bad Tölz
Fotosatz: Foag, Oberschleißheim
Litho, Druck, Bindung: Fotolito Longo, Frangart/Südtirol

ISBN 3-89306-**602**-0

Inhalt

Schmiede, Holzschnitt um 1150.

Vorwort

In der Antike bildeten Kunst und Handwerk eine Einheit. Der Handwerker war in seinem ganzen Tun Künstler, der Künstler zugleich auch immer Handwerker und Arbeiter. Jeder führte aus, was er erdacht hatte und schuf sich zugleich selbst die Vorlagen, nach denen er seine Werkstücke gestaltete.

Handwerksgegenstände, die dem Alltagsleben zu dienen hatten, sind durch ihren häufigen Gebrauch zu Kultgegenständen geworden. Umgekehrt haben sich aber auch Kultgegenstände, etwa Gefäße und Beschläge aus Gold für Waffen und Geschirre, bei gleicher Formgebung zu Gebrauchs- und Schmuckgegenständen entwickeln können.

Die Grundtechniken der Metall- und Holzbearbeitung, der Verarbeitung von Leder und Faser- oder Spinnstoffen sind in den späten deutschen Siedlungslandschaften schon in dieser Frühzeit von Handwerk und Technik entwickelt worden.

Die römische Herrschaft über das vorherige Königreich Noricum, ein Name, der von den Römern für die von ihnen gebildete Provinz beibehalten wurde, die etwa den bayerisch-österreichischen Alpenraum bis zur Donau als Nordgrenze beschreibt, hat in der Spätantike vielfältige Anstöße zu neuen und verbesserten Handwerkstechniken und Werkstoffverarbeitungen gegeben, die im Mittelmeerraum zu Hause waren. Dies gilt besonders für die Metall- und Keramiktechnik sowie für den Güterverkehr.

Mit der Verkehrsstruktur, die von den Römern geschaffen wurde, hängt es auch zusammen, daß sich als typische Form der Handwerkersiedlungen langgezogene Straßen-, also Handwerkerdörfer, entwickeln konnten, die den Trassen der römischen Fernstraßen folgten.

In der römischen Zeit beginnt auch die Formung und Herstellung von Einrichtungsgegenständen durch Handwerker Bedeutung zu gewinnen. Desgleichen ist für diese Periode die handwerkliche Herstellung von Fibeln und lateinischen Schriftzeugnissen in Form von Einzelstücken überliefert.

Der Landesausbau durch die Klostersiedlung hat nach dem römisch bestimmten das Klosterhandwerk entstehen lassen, das in der Vielfalt der verschiedenen Gewerke und in der Bindung an die klösterliche Herrschaft und nicht an die Zünfte ein Jahrtausend überdauerte.

Im Hochmittelalter haben sich die Zunftorganisationen der Handwerker, ihre überbetrieblichen Gemeinschaftseinrichtungen und vor allem ihre Zugehörigkeit an der Ratsherrschaft der Städte und Märkte gebildet.

Im späten Mittelalter bis ins 19. Jahrhundert ist es zu der für Bayern und die anderen süddeutschen Nachbarländer charakteristischen Herausbildung des zunftfreien Landhandwerks gekommen, das immer auch Teil der Landwirtschaft gewesen ist.

Bayern ist damit zu einem Staat des Landgewerbes geworden. Von diesem alten Handwerk, seinen Arbeits- und Technikformen handelt dieses Buch.

Dietmar Stutzer

Das Handwerk im Bayern der Agilolfinger

Unter dem Stammesherzogtum der Bayern versteht die Geschichtswissenschaft das Herzogreich der Agilolfinger, das in der Zeit der Völkerwanderung und nach dem Verfall des Römischen Reiches entstanden ist. Bisher hat man das 6. und 7. Jahrhundert n. Chr. als die Zeit dieser Entstehung angenommen, inzwischen wird aber aufgrund neuerer Bodenfunde, vor allem solcher, die das Rautenwappen erkennen lassen, angenommen, daß die Entstehung dieses Stammesherzogtums sogar schon für die Zeit vor 500 n. Chr. anzusetzen ist.

Die Frage nach der Herkunft der Bewohner dieses Stammesherzogtums ist bis heute nicht eindeutig beantwortet. Gesichert ist für die Geschichtswissenschaft, daß in der Mitte des 6. Jahrhunderts die „Baiovarii", die Leute aus dem Lande Baia, den Landstreifen besiedelt hielten, der am Lech beginnt und von dort nach Osten reicht. So berichtet es jedenfalls der italienische Dichter Venantius Fortunatus – später Bischof von Poitiers in Frankreich –, der zwischen 565 und 571 auf einer Reise zum Grab des heiligen Martin in Tours auch das nördliche Alpenvorland besuchte.

Früher hat man geglaubt, der Einzelhof sei die bevorzugte Siedlungsform der Bajuwaren gewesen. Eine Auswertung der Gräberfunde und der neusten Siedlungsausgrabungen zeigt aber, daß der kleine Weiler und das lockere Haufendorf am Beginn der bayerischen Besiedlung standen. Erst im hohen Mittelalter haben sich durch die Entstehung von Kirchengemeinden und die Verleihung von Marktrechten auf der einen Seite verdichtete Siedlungen gebildet, denen in landwirtschaftlich orientierten Gebieten auf der anderen Seite Einödanwesen gegenüberstanden, die deshalb bevorzugt wurden, weil sie für die im hohen Mittelalter so lebhafte Intensivierung der Landwirtschaft die besten Bedingungen boten.

Handwerksgeschichtlich sind diese siedlungshistorischen Erkenntnisse deshalb von besonderem Interesse, weil sie Rückschlüsse auf die Möglichkeit des Bestehens eines selbständigen Dorfhandwerks zulassen. Für Bayern ist eines der Schlüsselhandwerke, nämlich das Schmiedehandwerk, bereits für das 7. Jahrhundert belegt. Neue Ausgrabungen zeigen auch, daß die Weiler und landwirtschaftlichen Siedlungen mit kleineren Metallgewinnungseinrichtungen, nämlich mit Eisenschmelzen, ausgestattet waren. Die Schmiede gehörten nicht zum Herrschafts- und Arbeitsverband eines adeligen oder klösterlichen Herrenhofes, sondern übten ihr Gewerbe selbständig aus. So lassen sich die Anfänge eines Gebrauchshandwerks, das an eine Person und nicht an eine Herrschaft gebunden ist, etwa in der Mitte des 7. Jahrhunderts suchen.

Um den Entwicklungsstand, die örtliche Ausbreitung und die Organisationsformen des Handwerks im bayerischen Stammesherzogtum richtig einordnen zu können, muß aber auch noch auf eine Besonderheit des Landesausbaus in Bayern hingewiesen werden, nämlich auf die starke Ausbreitung der Rodungs- und Landklöster.

Beginnend mit den Gründungen von Benediktbeuern, dem etwas jüngeren Niederaltaich und Tegernsee, die alle um 740 erfolgten, setzte im mittleren 8. Jahrhundert eine Welle von Stiftungen für Klöster ein, die nach der benediktinischen Regel eingerichtet wurden. Bis auf das Inselkloster Reichenau im Bodensee, das Stadtkloster St. Emmeran in Regensburg und St. Peter in Salzburg waren sie sämtlich Landklöster und bildeten nach einigen Jahrzehnten ein weitmaschiges Netz von Siedlungsstützpunkten.

Die Benediktinerregel als geistige Grundlage dieser Klöster macht nicht nur Aussagen über das religiöse Ziel und die richtige Art der Gestaltung des geistlichen Lebens, sondern gibt auch wirtschafts- und organisationspraktische Hinweise. Bei der Verwirklichung seines selbstgewählten Auftrags, nämlich „wahrhaft Gott zu suchen", läßt die Regel dem einzelnen Klosterangehörigen viel Freiheit in der Wahl der Mittel, die er zur Verwirklichung dieses Zieles verwenden will. Dem benediktinischen Gebot des Wechsels von körperlicher und geistiger Arbeit durch einen Wechsel von Gebet, Lesung und Arbeit kommt dabei besondere Bedeutung zu. Dieses Gebot spricht ausdrücklich aus, daß die Handwerker im weitesten Sinne täglich Lesungen und geistliche Übungen durchführen, die Mönche hingegen täglich mit ihren Händen arbeiten sollen. Die Anwendung dieses benediktinischen Gebotes führte im Einflußbereich der Klöster zu einem Aufstieg der Arbeit als gleichberechtigtes Mittel der Gottsuche und der Selbstheiligung neben dem Gebet, der Lesung und der Einhaltung der Klostergebote. Damit wurde die für das gesamte Altertum typische Zuordnung der Handarbeit zur Sklavenexistenz geistig überwunden.

Diese geistigen Grundlagen der Benediktinerregel haben für die soziale Entwicklung des Handwerks in Bayern besonderes Gewicht, weil die Handwerker die einzige „Berufsgruppe" sind, die in dem Regelwerk direkt angesprochen wird. Das Kapitel 57 der Benediktusregel spricht von den Handwerkern, die in aller Demut ihr Handwerk ausüben sollen, wenn es der Abt erlaubt. Kann von ihren Arbeiten etwas verkauft werden, darf beim Verkauf nicht betrogen werden, bei der Festsetzung der Preise soll das Klosterhandwerk immer etwas billiger verkaufen, als die Weltleute es tun können, damit sich nicht das Laster der Habsucht einschleiche und damit auch durch die Arbeit des Handwerkers Gott verherrlicht werde. Auch an anderen Stellen, zum Beispiel im Kapitel 46, spricht die Regel einzelne Handwerksarten, etwa die Bäckereien, direkt an; in Kapitel 32 beschäftigt sie sich mit den Werkzeugen des Klosters und der Sorgfalt, mit der sie behandelt werden sollen.

Die Benediktinerregel verwendet einen Berufsbegriff, der im Altertum außerhalb des Kunsthandwerks noch unbekannt war. Sie schafft nicht nur die Möglichkeit, Handwerker in ein Kloster aufzunehmen, sondern, umgekehrt, auch Klosterinsassen Handwerker werden zu lassen, um ihnen damit die für sie passende Chance zu geben, durch Handwerksarbeit die Arbeits- und Leistungsgebote ihrer Regeln zu erfüllen. Außerdem wird die Möglichkeit der Marktproduktion durch das Handwerk offengehalten.

Um die zentralen Klosteranlagen gliederten sich die vielfältigsten Handwerke. Neben den Versorgungshandwerken in der Lebensmittelverarbeitung und Konservierung, wobei die Gärtnereien zu den Handwerken rechneten, standen die Holz- und Metallverarbeitung im Vordergrund, ergänzt durch das Bauhandwerk. Der Bedarf an Handwerksprodukten in der gesamten Villikation, ob es sich nun um Baustoffe und Bauten, um Werkzeuge und Geräte für die Landarbeit oder um Ausstattungen der

Haushalte handelte, wurde aus der Produktion der Villikationshandwerker gedeckt. Dies galt sowohl für die Klöster selbst wie auch für ihre Außenbesitzungen und die von ihnen angelegten Kolonisationsanwesen, die sich im Laufe eines langen geschichtlichen Vorgangs zu selbständigen bäuerlichen Betrieben entwickelten, in die aber ein Teil der handwerklichen Traditionen der Gründungszeit mitgenommen wurde. Die zahlreichen Handwerksfertigkeiten der Bauern, die noch bis zur Mechanisierung der Landwirtschaft erhalten blieben, haben hier einen Teil ihrer Ursprünge.

Die ersten Jahrhunderte des frühen bayerischen Staates sind auch Zeiten technischer Neuentwicklungen. Dazu gehört vor allem das Pferdekummet. Es kommt vermutlich aus mehreren örtlichen Zentren, von denen einige in Flandern und Brabant, am Niederrhein und ein weiteres in den Ackerlandschaften Ostbayerns zu suchen sind. Dies lassen auch Ausgrabungen in den verstreuten altslawischen Siedlungsgebieten im heutigen Ober- und Niederösterreich erkennen, wo in Bodenfunden neben dem Ochsenjoch, wie es auf dem Balkan noch vor 50 Jahren gebräuchlich war, auch primitive Konstruktionen von Kummeten für kleinere und mittlere Pferde rekonstruiert wurden.

Das Kummet steigert die Zugleistung des Pferdes um 400 bis 500 Prozent, weil dabei die Energie, die aus der Schreitbewegung der Pferde gewonnen wird, voll auf die angehängte Last übertragen werden kann. Mit den vorher verwendeten Geschirren der Antike wurde die Leistung der Pferde stark eingeschränkt, weil sie als Joche ausgebildet waren und beim Zug auf die Luftröhre der Tiere drückten. Mit der Verlagerung des Druckes auf Schulter und

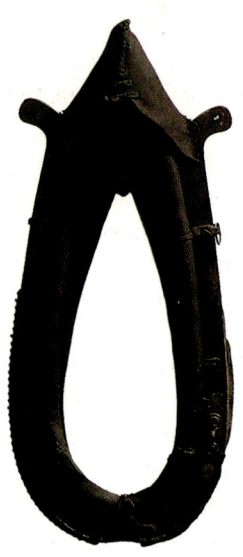

Pferdekummet

Brust wurde nicht nur dieser Störfaktor ausgeschaltet, sondern auch die Möglichkeit eröffnet, eine beliebige Zahl von Pferden zusammenzuspannen und damit ihre Leistung auf eine Last zu vereinigen.

Dadurch war eine bis dahin nicht bekannte Zugleistungssteigerung bei der Bodenbearbeitung, der Aussaat, der Ernte und beim Transport erreicht. Während die Zugleistung eines Tieres vorher bei 500 Kilopond lag, stieg sie jetzt auf etwa 2000 Kilopond an. Die Entwicklung des mittelalterlichen Transportwesens ist eine Folge dieser Neuerung; die vielen Kunstdarstellungen des vielspännigen Treidelverkehrs auf den Wasserstraßen der europäischen Ströme sind ein Ausdruck dafür. Die Konstruktion und

Gestaltung dieser Geschirre stellte durch ein Jahrtausend ein Spezialhandwerk dar, das schon bald auch künstlerische Elemente entwickelte und heute fast völlig zu einem seltenen Handwerk der Volkskunst geworden ist.

Aus dem Hochmittelalter stammt auch das Hufeisen, das entwickelt werden konnte, weil sich die Schmiede inzwischen ausreichende anatomische Kenntnisse des Pferdehufes angeeignet hatten. Zugleich sind verbesserte Verfahren der Härtung von erhitztem Metall gefunden worden. Die Einführung des genagelten Hufeisens hatte stärkste Rückwirkungen auf die Verkehrstechnik und den Straßenbau, weil es nun möglich war, Pferdegespanne auch auf härter befestigten Straßen einzusetzen. Der erste sichere Beleg für die Verwendung dieser Technik sind die Hufe des Pferdes des Bamberger Reiters im Dom zu Bamberg.

In den Jahren zwischen 730 und 800 haben sich im stationären Handwerk auch neue Großtechniken eingeführt.

Hufeisen

Vor allem das oberschlächtige Wasserrad ist hier zu nennen, das im 1. Jahrhundert v. Chr. bereits in Kleinasien bekannt war. In den Klostermühlen im Bayern des 8. Jahrhunderts ist es zum wichtigsten Antriebsmittel geworden. Es vermeidet die Nachteile der unterschlächtigen Konstruktionen, bei denen das Fließwasser das Rad an der tiefsten Stelle erfaßt und die Schaufeln, die der Bewegung entgegengestellt sind, durch seine Stoßkraft in Bewegung setzt. Dabei wird nur ein geringer Teil der nutzbaren Energie in Leistung umgesetzt, es können nur kleine Gefäße ausgenützt werden, und schließlich braucht man schnellfließende Gewässer. Das oberschlächtige Wasserrad wird vom Fließwasser am Scheitel des Rades erfaßt, die Drehbewegung wird in eine Pendelbewegung umgewandelt.

Nach Einführung dieser Antriebe gelang es später auch, in der Mühlentechnik zusammengesetzte Übertragungsvorrichtungen zu entwickeln, bei denen Räderwerke, Zahnräder und Wellen zur Übertragung von Wasserkraft in verschiedene Bewegungsformen verwendet werden. Mit diesen Techniken konnte sich dann auch eine mechanisierte Holzverarbeitung ausbreiten, die Sägewerkswirtschaft Ostbayerns hat ihre technischen Urspünge in den wassergetriebenen Brettmühlen der Kloster- und Adelsgrundherrschaften des Frühmittelalters. Auch in der Holzbearbeitung, der Schreinerei, haben in den Klöstern die ersten Mechanisierungsverfahren, nämlich einfache scheibengetriebene Bandsägen, Fuß gefaßt.

Im hohen Mittelalter verbreitete sich auch der bis heute verwendete Pflugtyp, der mit einem senkrecht stehenden Messersech, waagerecht stehender Pflugschar und chronisch gewundenem Streichbrett arbeitet. Mit dieser Neu-

Oberschlächtiges Wasserrad
(Freilichtmuseum an der Glentleiten über Großweil).

konstruktion konnte ein bis dahin übliches vorzeitliches Verfahren der Bodenbearbeitung durch bloßes Ritzen der Bodenoberfläche überwunden und durch ein echtes Wenden des Mutterbodens in Form eines Pflugbalkens ersetzt werden. Die Pflugtiefen erweiterten sich und konnten in tiefgründigen Böden 14 bis 18 Zentimeter erreichen, die Tagesleistung eines Gespanns stieg durch die Ausnutzung der Schreitgeschwindigkeit des Pferdes, die bei etwa 6 bis 7 Stundenkilometern liegt, auf ca. 3 500 Quadratmeter gepflügter Oberfläche pro Arbeitstag an. Daraus hat sich das alte bayerische Landmaß, das Tagwerk, entwickelt, das durch Jahrhunderte auch das amtliche Maß bildete und noch heute von den meisten Bauern verwendet wird.

Hammerschmiede (Heimatmuseum Feuchtwangen).

Ins hohe Mittelalter gehört eine ergänzende technische Erfindung zum Pflug, nämlich der zweiräderige Pflugkarren, auf den der Pflugsterz aufgelegt wird. Der Zug der Tiere wird damit auf den Karren übertragen, der um einen Drehpunkt beweglich ist. Die Pflugführung wird sicherer und leichter, die Arbeitsleistung der Einheit aus Zugtieren, Gerät und Mann steigt an, und zugleich läßt sich die Arbeitsqualität verbessern. Mit diesen Techniken ist die Umstellung des Gerätezuges in der Landwirtschaft vom Rinder- auf den Pferdezug im hohen Mittelalter erst wirklich wirksam geworden.

Voraussetzung für die Entwicklung dieser Geräte waren entsprechende Techniken der Materialgewinnung. Sie sind durch Ausgrabungen aus der bayerischen Ostmark, dem heutigen Ober- und Niederösterreich, und aus Böhmen gut bekannt. Die Eisengewinnung erfolgte im Rennverfahren. Runde Schmelzöfen von etwa 1 Meter lichter Höhe waren mit Lehm ausgekleidet und über einer Schlackengrube aufgebaut. Düsenöffnungen über dem Grubenaufsatz erlaubten die Frischluftzufuhr durch einen Blasebalg. Vor dem Anblasen hat man die Schlackengrube mit Reisigbündeln ausgelegt und darauf schichtweise Holzkohle und Rasenerz aufgefüllt. Während des Brennvorgangs wurden Temperaturen von 1100 bis 1250 Grad Celsius erreicht, mit denen metallisches, härtungsfähiges Eisen gewonnen werden konnte. Die Schlacke floß dabei in den unteren Teil der Grube ab, im Ofen bildete sich die Eisenluppe.

Wegen der vielen Verunreinigungen und Schlackenbeimengungen mußte das Roheisen durch wiederholtes Ausschmieden gereinigt werden. Dieser arbeitsintensive

Vorgang wurde innerhalb der Handwerkersiedlungen und von einer größeren Personenzahl ausgeführt, so daß man annehmen kann, daß zwischen den hauptberuflichen Schmieden, die als Inhaber einer Kunst galten – in dem Wort „Schmiedekunst" hat sich die Erinnerung daran erhalten –, und ihren Hilfskräften für einfache Massenarbeiten ein handwerklicher und damit ein sozialer Unterschied bestand. Die Eisenindustrie der Oberpfalz hat bis ins späte Mittelalter mit dieser frühzeitlichen Technik gearbeitet.

Einzelne Schmiede beherrschten auch bereits Fertigkeiten zur Buntmetallverarbeitung durch Auflage von Zierplatten aus Buntmetall auf Eisen- oder Stahlgrund, wie sich besonders am Schmuckhandwerk erkennen läßt. Hochgehärtete Werkzeuge wie Grabstichel und Meißel sowie Drahtzieheisen waren seit dem 10. Jahrhundert in Gebrauch; bis dahin sind auch Ziehbänke für die Drahtzieherei nachweisbar.

Ebenfalls noch bis in die Zeit vor der Jahrtausendwende konnten auch Zimmermannstechniken rekonstruiert werden, die zeigen, daß die Zimmerleute für die Errichtung von Wehranlagen und Vorratsbauten Bundwerke und freigespannte Trägerkonstruktionen anzuwenden verstanden. Das Abbinden der Zimmermannskonstruktionen auf der Baustelle, meist auch das Behauen und Vorbereiten der einzelnen Bauteile, war die selbstverständliche Methode der Baudurchführung. Die Fertigung von Speichenrädern mit Naben aus Hartholz und exakten Bohrungen für die Speichenarme ist ebenfalls durch Funde belegt. Dabei ist besonders interessant, daß die Wagner dieser Zeit stabile Speichenräder ohne die Verwendung von Eisen fertigen

Wagnerei (Freilichtmuseum an der Glentleiten über Großweil).

konnten; die Nieten waren aus Hartholz und so exakt ein-
gepaßt, daß sie der hohen Beanspruchung durch den Rad-
betrieb standhielten. Drechslertechniken sind vereinzelt
seit dem 7. Jahrhundert überliefert; Drechselbänke, oft
für eine kleine Serienfertigung, waren nach dem Jahre
1000 vor allem bei den Stadthandwerkern im Gebrauch,
insbesondere in Regensburg. Beschläge an Holzteilen,
vor allem an Türen und Fenstern, stammen ebenfalls aus
dieser Zeit.

   Die Lederverarbeitung ist in der Frühzeit vermutlich
noch eine ausschließlich hauswirtschaftliche Produktion
gewesen, Schuhfertigungen für eine Hausgemeinschaft

sind durch Funde bezeugt. Die Schuhe waren zuerst als Galoschen oder Halbstiefel geformt und durch Nähte mit Lederfäden zusammengehalten; genäht wurde mit Nadeln aus Tierknochen. Erst die Entwicklung der hochmittelalterlichen Verkehrswirtschaft, die Verwendung des Karrenpfluges mit Pferdeanspannung in der Landwirtschaft und die Herausbildung bestimmter militärischer Kleidungsformen sowie die Entfaltung des Turnierwesens mit seinen Schmucksätteln und dem übrigen Lederzeug der Pferde und Reiter – mit dem bei den Bauern verhaßten Reitstiefel der Ritter – ließen dann das Spezialhandwerk der Sattler und Schuhmacher entstehen.

Natürlich lassen sich solche Erfindungen weder bestimmten Personen noch einzelnen sozialen Gruppen oder Landschaften zuordnen. Es ist aber anzunehmen, daß sie sämtlich vom Handwerk ausgingen, nicht zuletzt, weil die meisten Handwerker selbst in der Landarbeit tätig waren. Schon damals hat sich die bis in unsere Tage wirksam gebliebene Regel bewährt, daß technische Erfindungen neue Arbeit und neue Berufe schaffen.

Das Sattler-, Schmiede- und Wagnerhandwerk hat durch diese neuen Techniken seine bis heute bekannte Ausprägung genommen. Die Vielzahl der metallverarbeitenden Produktionsstätten konnte dann auch die Fertigung von land- und forstwirtschaftlichen Kleingeräten aus Eisen, kombiniert mit Holz, fördern. Zur gleichen Zeit haben sich nämlich auch die Eggen mit gehärteten Metallzinken und Holzrahmen, die Sensen, Rechen, Gabeln und Spaten aus Metall eingeführt. Die Stiele und Handbäume dieser Geräte waren, so wie wir sie auch jetzt noch kennen, aus Holz gefertigt, das Arbeitswerkzeug selbst aus gehärtetem Stahl. Die rasche Ausbreitung der Sense, die schon bald die Sichel auch aus der Getreidemahd verdrängen konnte, läßt eine hochentwickelte Härtungstechnik erkennen.

So stellt sich die Frühzeit des Handwerks im bayerischen Stammesherzogtum und der Übergang auf das hohe Mittelalter auch als eine Zeit vielfältiger technischer Neuentwicklungen dar, deren Grundzüge in den Techniken der Gegenwart noch erkennbar sind.

Sattler (Freilichtmuseum an der Glentleiten über Großweil).

Die Handwerkerzünfte

Die Zunftverbände der Handwerker sind in allen europäischen Ländern das Ergebnis der Städtegründungen des hohen Mittelalters, die wiederum möglich wurden, weil eine intensive Landwirtschaft größere marktfähige Überschüsse erzielte und die technischen Rationalisierungen in der landwirtschaftlichen Erzeugung Arbeitskräfte freisetzten, die nicht mehr überwiegend in der Nahrungsmittelproduktion benötigt wurden. Vom 12. bis zum 14. Jahrhundert läßt sich auf dem gesamten europäischen Kontinent eine Städtegründungsbewegung feststellen. Sie hat Landschaften mit Stadtsiedlungen versehen, die noch nach der Jahrtausendwende nur das Haufendorf als größte Siedlungseinheit gekannt haben.

Diese Bewegung hat Bayern aber nur in abgeschwächter Form erfaßt. In Ostbayern blieben Regensburg und Passau als befestigte Stadtsiedlungen und Gewerbestädte in ihrer führenden Rolle, ab dem 13. Jahrhundert ergänzt durch Amberg und Straubing und vor allem durch die Herzogstadt Landshut, die sich ab dieser Zeit zu einem Gewerbezentrum mit städtischem Charakter entwickeln konnte.

Der Stadtbegriff des Mittelalters ist in erster Linie rechtlich, und zwar markt- und handelsrechtlich, und erst in zweiter Linie soziologisch und siedlungswirtschaftlich aufzufassen. Die meisten Städte – sieht man von den mittelalterlichen Großstädten Köln, Mailand, Leuven, Paris und Prag ab – behielten ihren dörflich-landwirtschaftlichen Charakter; ihre Wirtschaftssysteme waren eine Mischung aus Handel, Handwerk und Landwirtschaft.

Der zentrale Inhalt des Stadtrechts war das Marktrecht. Dies läßt sich noch heute aus der Anlage dieser niederbayerischen Landstädte ablesen, nämlich an den großzügigen Abmessungen des zentralen Platzes einer solchen Landstadt. Ein gutes Beispiel dafür ist Osterhofen.

Solche Wirtschaftsformen deuten bereits darauf hin, daß die Stadt des Mittelalters keine hohen Einwohnerzahlen gehabt haben kann. Köln und Leuven in Belgien gehörten mit je 60000 Einwohnern zu den größten Städten der damaligen Welt. Die Mehrzahl der führenden Stadtgemeinden, wie Augsburg, Danzig, Lübeck, Regensburg oder Nürnberg, hatten Einwohnerzahlen von 15000 bis unter 20000 Menschen. Die Bischofsstadt Passau dürfte 8000 bis 11000 Einwohner gehabt haben, für die bayerischen Landstädte Amberg, Landsberg, Landshut, Straubing, Weiden oder Weilheim sind Bevölkerungszahlen von etwa 4000 Einwohnern als obere Grenze anzunehmen.

Das leidenschaftliche Gerechtigkeitsdenken, von dem das ganze Mittelalter gekennzeichnet wird, legte großen Wert auf den Verbraucherschutz, aber auch den Produzenten- und Anbieterschutz untereinander sowie einen größtmöglichen Wettbewerb. Dies sollte durch die Öffentlichkeit der Märkte und der Preise sichergestellt werden. Die Zusammenschlüsse der Handwerker in ihren Gilde- und Zunftformen sahen eine ihrer Hauptaufgaben nicht nur in der Durchsetzung des Zwanges, als Handwerker zu arbeiten und Handwerksprodukte anzubieten, der für alle ihre Mitglieder bestand, um auf diese Weise eine ständige und gleichmäßige Marktbelieferung sicherzustellen. Genauso war ihnen an der Qualitätssicherung und am Qualitätsvergleich durch öffentliche Warenbeschau und an der Durchsetzung der Öffentlichkeit des Marktes sowie der Vergleichbarkeit der Preise gelegen.

Es war der Markt mit seinen Bedingungen, so, wie sie die mittelalterlichen Menschen gestalteten, in dem die Zunftbildungen ihren Ursprung haben. Um Märkte so organisieren zu können, wie man es in jener Zeit wünschte, brauchte man einen Marktkalender und einen Marktverband. Es war in der Regel die Kirche, die mit ihrem Kultjahr auch den Marktkalender lieferte. An bestimmten kirchlichen Fest- und Feiertagen wurde Markt gehalten, an der fest vorherbestimmten Wiederkehr dieser Tage konnten sich die Marktpartner orientieren. Die früh- und hochmittelalterliche Kirche war oft auch Mitveranstalterin von Märkten, in vielen Fällen spielte sich die Marktveranstaltung vor den Kirchentüren auf den Freiplätzen zwischen den Kirchengebäuden und der Ortsbebauung ab. An den Flanken der Heiliggeistkirche von Heidelberg besteht diese Verbindung bis heute ebenso fort wie am Wiener Stephansdom oder den Kathedralen Flanderns. Es sind sogar Verbote überliefert, Marktbuden auf den Friedhöfen aufzuschlagen und zwischen den Gräbern zum Marktschluß Gelage und Tanzereien zu veranstalten.

Neben dem von der Kirche gelieferten Marktkalender war auch der Marktverband notwendig, und ihn stellten die Zünfte. Sie darf man sich aber nicht nur als Produzenten- und Anbieterverbände vorstellen, sondern auch als Ordnungsfaktoren.

Die Geschichte dieser Zünfte verliert sich ebenso wie die des Handwerks selbst im Halbdämmer der Frühgeschichte. Lange Zeit hat es die Auffassung gegeben, sie seien eine veränderte Fortsetzung der „Collegia" der Römer, die bereits Handwerkergemeinschaften gekannt haben, die in der Fertigung und bei der Organisation des Marktangebots zusammenarbeiteten. Die neuere Wirtschaftsgeschichte macht hier aber Einschränkungen und vertritt die Auffassung, daß die deutschen Zünfte auch als eine Weiterführung und Ausgestaltung der Marktpolizei aufzufassen sind, die schon bei den Germanen entwickelt worden ist. Bemerkenswert ist immerhin, daß die erste europäische Zunft, über die es überhaupt Urkunden gibt, die Fischerzunft von Ravenna, in jener oberitalienischen Stadt zu Hause ist, die einmal Hauptstadt des Gotenreiches war und in der sich bis heute die germanischen Kultur- und Sozialwurzeln nicht übersehen lassen. Die Urkunde der Fischerzunft von Ravenna entstammt dem Jahre 943.

Zunftlade der Weißgerber, 1684, Weilheim/Obb.

Die lange Zeit bestehende Vorstellung, in ganz Deutschland hätten die Zünfte erst im späten 12. und im 13. Jahrhundert Bedeutung gewinnen können, ist inzwischen überprüft worden. Die Mainzer Weberzunft ist für das Jahr 1099 belegt, die Wormser Fischhändler haben 1106 eine Zunftordnung erlassen, die Würzburger Schuster 1128. Solche Urkunden sind meistens Zufallsfunde und stammen aus einer bereits laufenden sozialen und wirtschaftlichen Entwicklung, so daß man annehmen kann, daß die Zusammenschlüsse, die diese Urkunden geschaffen haben, schon längere Zeit vorher bestanden haben.

Zunftschild der Maurer, 1781, Weilheim/Obb.

Die Handwerkerzunft ist eine gesamteuropäische Erscheinung. In den großen italienischen Handelsstädten konnte sie bereits um die Jahrtausendwende feste Gestalt annehmen und sich dann entlang der großen Wirtschaftsachse Deutschlands, dem Rhein, durch das ganze burgundische Reich bis an die Nordseeküste ausbreiten. Im Nordwesten ist für die Zunft die Bezeichnung Gilde üblich gewesen. Im heutigen Belgien, also in der ältesten Industrielandschaft des Kontinents, konnten die Handwerker- und Händlergilden der flandrischen und brabantischen Städte zu universalen Trägern der gesamten Bau- und Kulturentwicklung werden. Auch die soziale Organisation der Gesellschaften dieser Gebiete ist eine Leistung der Gilden, durch sie hat die flandrische Gesellschaft ihre im Mittelalter entwickelte und von den Verbandsstrukturen der Gilden dann politisch wirksam gemachte Neigung zur Unruhe und zum Widerstand gegen jede Form von zentralisierter Herrschaft entwickelt.

In Deutschland waren meistens die Bezeichnungen Einung, aus der sich „Innung" entwickelt hat, Lade, Bruderschaft und Gewerk üblich. Daraus läßt sich schon entnehmen, daß die Zeitgenossen unter ihren Zünften die Zusammenschlüsse von Personen verstanden, die sozial und beruflich gleichstehend waren. Es handelte sich also um Vorgänge der Verbandsbildung und der Herstellung organisierter sozialer Ähnlichkeit.

Nach heutiger Auffassung sind die Zünfte Fortsetzungen des alten genossenschaftlichen Verbandes; sie haben ihre Wurzeln in Deutschland im germanischen Genossenschaftsrecht. Ihre Entstehung kann man sich aus dem Bedürfnis erklären, das in der Handwerkerelite entstanden ist, Verbände zum Schutz und zur Durchsetzung ihrer Rechte und Interessen zu bilden, nachdem es gelungen war, auch das Recht zur freien Verwertung der Arbeit und der Produktion zu erreichen. Dieser Erfolg hatte die Lösung aus dem grundherrschaftlichen Fronverband und den Aufstieg zu einem persönlich freien Stadtbürger bedeutet.

Der Sozialhistoriker Werner Sombart hat versucht, die weltweite Verbreitung der Handwerkerzünfte, die sich auch in ganz Asien bis tief in die chinesische Geschichte mit ihrer langen schriftlichen Überlieferung finden, und ihre Ähnlichkeit untereinander aus der Gleichartigkeit des Bedürfnisses nach Verbandsbildung zu erklären. Die Zünfte sind freie Einungen der Handwerker, und damit sind sie auch eine Fortsetzung der alten Stammes- und Sippenverbände. Zu dieser Verbandsbildung war im Mittelalter eben nur der Handwerker, nicht aber der Bauer fähig, der die Bildung von Verbänden erst in der Gegenwart erreicht hat.

Der mittelalterliche Mensch, namentlich der mittelalterliche Handwerker, kannte aber noch nicht eine Unterscheidung zwischen der Rolle, die das gesamte Leben umfaßt mit all ihren Interessen und Bindungen, und einer Spezialrolle, etwa als Arbeiter, Industrieller oder Fahrzeugbenützer, so daß für ihn auch der Beitritt zu einem Spezialverband nicht vorstellbar war, der nur ganz bestimmte Aufgaben wahrnahm, die sich ausschließlich auf einen Ausschnitt des Lebens bezogen. Deshalb war die Zunft ein universaler Lebens- und Sozialverband, sie gestaltete die gesamte Daseinsführung des Handwerkers mit. Natürlich trat sie vor allem als Produzenten-, Ein- und Verkäuferverband auf. Zugleich war sie ein Ordnungsverband mit äußerst komplizierten Aufgaben, die sich nach dem heutigen Verständnis oft gegenseitig ausschlossen.

Die Zunft hatte für und gegen den Handwerker zu arbeiten. Sie hatte zu seinen Gunsten, aber auch zu seinen Lasten zu entscheiden. Dies galt sowohl für den Einkauf wie für den Verkauf, für die Preis- und Lohnbildung, für die Betriebsorganisation und die Betriebstechnik, vor allem aber für Angebot und Qualität. Man kann durchaus sagen, daß die Zünfte ebenso oft gegen ihre Mitglieder tätig geworden sind, wie sie für sie tätig wurden. Schließlich hat sich in der ständischen Gesellschaft die Zunft auch zu einem Wahl- und Mitherrschaftsverband entwickelt, der es erreicht hat, über die Landtagsberechtigung der landständischen Städte bestimmte Mitglieder der Stadträte auch in die Landtage und ihre Ausschüsse zu entsenden, die sich mit dem Landesherrn in die Herrschaft, vor allem in die Steuer- und Wehrherrschaft teilten.

Wenn man die Zunftverfassung zum Maßstab nimmt, dann wird auch hier wieder die ungewöhnliche Kompliziertheit sichtbar, die schon bei den praktischen Aufgaben der Zünfte aufgefallen ist. Der moderne Genossenschaftsgedanke wird von den Zünften eigentlich schon vorweggenommen. Sie sollten nach dem Solidaritäts- und Gleichheitsprinzip handeln, alle Zunftgenossen sollten die gleichen Vorteile und Vergünstigungen erhalten, aber auch die gleichen Pflichten zu Beschränkungen einhalten. Diese gleichen Beschränkungen werden vor allem im Prinzip der Betriebsgrößen und Beschäftigtenreglementierung deutlich, noch mehr aber in der scharfen Beschränkung der Produktions- und Verkaufsmengen. Oberstes Ziel einer

Zunft war es letztlich, begrenzte Märkte und begrenzte Arbeitsmengen so lange aufzuteilen, bis alle zunftberechtigten Mitglieder gleiche Anteile erhalten hatten, aber auch gleichen Beschränkungen unterworfen worden waren.

Hochentwickelt waren vor allem Sonderleistungen der Technik, die nur durch überbetriebliche Einrichtungen überhaupt nutzbar gemacht werden konnten. Die Zünfte stellten solche Einrichtungen bereit, zum Beispiel durch die Errichtung von Walkmühlen, Spannrahmen für Großtuche, Bleichen oder Schleifmühlen, die von den angeschlossenen Meisterbetrieben nach einer bestimmten Benutzungsordnung genutzt werden konnten. Techniken und Arbeitsprozesse, die über die Kräfte des einzelnen hinausgingen, sollten Sache der Solidargemeinschaft sein. Das Universalmittel des zünftischen Handwerks zur Durchsetzung seiner oft sehr gegensätzlichen Ziele, die sich besonders dann als solche erwiesen, wenn die Interessen der Anbieter und Verbraucher gegeneinander ausgeglichen werden sollten, waren die Zulassungsbeschränkung und die Abschließung nach außen. Die außerordentlich dichten Reglementierungen der Zünfte für das Verhalten ihrer Mitglieder, die Mengen-, Preis-, Absatz- und Arbeitsbeschränkungen waren nur durchzusetzen, weil die meisten Zünfte ab dem 15. Jahrhundert dazu übergegangen waren, ihre Reihen zu schließen und damit die Zulassung von Nachwuchshandwerkern zum Meister und zum Betriebsrecht streng zu begrenzen.

Mehr als 400 Jahre lang waren die Zünfte in ihrer Mehrzahl geschlossene Sozial- und Produzentenverbände mit einer feststehenden Mitgliederzahl. Fast immer konnten nur so viele nachrücken, als andere ausgeschieden waren.

Das wichtigste Mittel zur Aufrechterhaltung dieser Abschließung war nicht so sehr das Eintrittsgeld in die Zunft, als vielmehr die Erblichkeit des Betriebs- und Meisterrechts, die schon für das 11. Jahrhundert belegt ist. Damit wurde das Gewerberecht zum Sippen- und Familienrecht, das genauso wie ein dinglicher Besitz weitergegeben werden konnte.

So kann man sagen, die konsequentesten Aristokraten der Geschichte seien die Handwerker gewesen. Im Adel des Mittelalters und auch noch in dem der beginnenden Neuzeit herrschte lebhafte soziale Bewegung. Durch das Berufsbeamtentum des Mittelalters, die Ministerialität und den sogenannten Turnieradel, also jene Gruppe landesherrschaftlicher Dienstleute, die zu den Ritterturnieren zugelassen wurden, gelangten ständig Leute in den niederen und mittleren Adel, die noch nicht lange Leibeigene oder Unfreie waren. Im Verlaufe weiterer Generationen gelang ihnen dann der Aufstieg in den Hochadel. Noch ausgeprägter war dieses Aufstiegsprinzip bei der Kirche und nach den Dreißigjährigen Krieg auch beim Militär. In beiden Bereichen finden sich im 17. und 18. Jahrhundert in hohen Positionen die Nachkommen von Kleinbauern und Kleinhandwerkerfamilien. Hier bestand also viel größere soziale Mobilität als im zünftischen Handwerk, ein Grund mehr, warum die Zünfte in der Aufklärungszeit zum Gegenstand allgemeiner Kritik und im 19. Jahrhundert schließlich völlig beseitigt wurden.

Eigentlich ist nur die Kirche noch älter und lebt noch länger, als die Zünfte gelebt haben, wenn man die Geschichte der Personen- und Sozialverbände zum Maßstab nimmt.

Der Bürger, der wirtschaftlich frei ist, und seine Handlungen nur gegenüber sich selbst und seiner Berufsgemeinschaft zu vertreten hat, der nach eigenen Entscheidungen und Zielen handelt, der Bürger, der die „Stadtluft atmet, die frei macht", ist die wirkliche politische und soziale Schöpfung des Handwerks und seiner Zünfte. Durch Arbeit und durch ein bestimmtes Berufsverhalten zu persönlicher Freiheit, zu politischer Mitwirkung und zu selbständigem wirtschaftlichen Handeln zu gelangen, das war einmal nur über die Mönchsexistenz und den Handwerkerberuf möglich. Sonst bedurfte es dazu der Zugehörigkeit zu den Standesverbänden des Adels oder einer anderen landes- oder reichsherrschaftlichen Privilegierung.

Diesen Leistungen der Zünfte in der Gesellschaftsorganisation stehen freilich auch mißliche Praktiken der Angebots- und Preiskartelle, vor allem aber der Lohnkartelle gegenüber, gegen die alle Landesherrschaften einen zähen Kampf geführt haben. Es gibt aus allen Reichsterritorien eine Unzahl von Reglementierungen, die gegen diese Kartellpraxis zu Felde gezogen sind. Gewiß hat man den Verbraucherschutz hochgehalten und durch Arbeits- und Angebotszwang, durch Qualitätskontrolle und ein sehr weitreichendes Beschwerderecht des Käufers über den Handwerker zu verwirklichen versucht. Auf der anderen Seite aber war es den Zunftmitgliedern streng verboten, eine Arbeit, die ein anderer abgebrochen hatte oder hatte abbrechen müssen, weil der Auftraggeber das Auftragsverhältnis vorzeitig gelöst hatte, fortzusetzen oder gar durch Preis- oder Leistungswettbewerb Kunden oder Arbeitskräfte an sich zu ziehen. Die wirksamste Form des Kundenschutzes, der freie Wettbewerb, wurde von den Zünf-

Zunftschild der Lederer, um 1800, Weilheim/Obb.

ten bei den meisten Handwerksprodukten und -leistungen
durch kartellähnliche Absprachen ausgeschaltet.

Die Erzielung der günstigsten Angebots und Preisbe-
dingungen durch die Ausschreibung von Aufträgen war unter der Zunftherrschaft nicht einmal bei sehr großen und
größten Projekten möglich. Die mittelalterlichen Groß-
vorhaben der Kathedralkirchen sind ein beredtes Beispiel
dafür. An der Kirche Unserer lieben Frau in Antwerpen
wurde 200 Jahre lang gebaut, der Kölner Dom wurde

ebenso wie der Regensburger Dom überhaupt erst im 19. Jahrhundert endgültig fertig.

In den Zünften kann man bestimmte Ursprünge der Verbands- und Selbstverwaltungsgesellschaft, überhaupt der „organisierten Gesellschaft" unserer Gegenwart und freilich auch ihrer Mißbräuche suchen. Für den mittelalterlichen Lehens- und Ständestaat war es eben nun einmal ein im Grunde revolutionärer Vorgang, wenn nicht zuerst die Herkunft und die verliehenen Rechte, sondern das Erlernen eines bestimmten Berufes mit einem bestimmten Handwerk den Platz kennzeichneten, den man in der Gesellschaft einnehmen konnte.

Von dem Historiker Karl Bosl ist der Satz, daß wir im Grunde alle von Leibeigenen abstammen. Inzwischen hat sich daran einiges geändert, wie man weiß, Bürger- und Berufsfreiheiten konnten entstehen, Selbstverwaltungskollegien und soziale Durchlässigkeiten haben sich gebildet. Es gibt Möglichkeiten des Aufstiegs und des Wandels ganzer sozialer Gruppen. Aus der jüngsten Geschichte und der Gegenwart ist uns diese Erscheinung sehr vertraut, ein großer Teil der Arbeitergruppe hat sich in den letzten 80 bis 100 Jahren zu Angestellten gewandelt, die fast alle Tätigkeiten vom Zeichner bis zum Manager ausüben, die in der Wirtschaft der heutigen Gesellschaft möglich sind.

Daß sich dieser Wandel vorbereiten und entwickeln konnte, gehört zu den Leistungen der Handwerkerzünfte ebenso wie die Schaffung der kargen Traditionen gewählter Herrschaft in Deutschland, wie sie in den von den zünftischen Meistern beherrschten Räten der Freien Reichsstädte entstanden sind.

Bayerns Handwerk und das späte Mittelalter

Im Früh- und Hochmittelalter waren die bayerischen Landklöster die wichtigsten Träger der Marktrechte außerhalb der Bischofs- und Herzogsstädte, im späten Mittelalter wurden es die Landstädte. Diese Entwicklung hängt mit der Entfaltung des Territorialstaates zusammen, den die Wittelsbacher gebildet haben, eng aber auch mit einer der wichtigsten Entscheidungen Heinrichs des Löwen, des letzten welfischen Herzogs in Bayern. Er hatte 1155 die Markt- und Zollrechte von Föhring an die Stelle an der Isar verlegt, an der sich später München gebildet hat. Dieser Platz, bis dahin Tegernseeisches Herrschaftsgebiet und deshalb mit dem Namen „bei den Mönichen" versehen, erhielt 1158 Markt-, Zoll- und Münzrecht und wurde die Hauptstadt der Wittelsbacher, nachdem ihnen 1180 Bayern als Reichslehen übertragen worden war.

Das Münchner Stadt- und Gewerberecht, niedergelegt in den Handwerksbüchern seiner ersten Ratsbücher, wurde zum rechtlichen und politischen Modell für die Stadt- und Handwerksrechte in den Städtegründungen der Wittelsbacher ab 1183.

Die neue Landesherrschaft betrieb eine nachdrückliche Territorialpolitik mit dem Ziel, aus dem Stammesherzogtum ein Herrschaftsgebiet zu machen, das von einer Fürstenfamilie bestimmt wurde. Neben der Bildung eines geschlossenen Herrschaftsraumes gehörten dazu ganz besonders die Städtegründungen. Im Mittelpunkt dieser Politik der Städtegründung und Städteförderung steht die Zeit der beiden Wittelsbacher Herzöge Ludwig I. (1183 bis 1231) und noch mehr die Herrschaftszeit des Städtegründers Otto II. (1231 –1253). Auf diese beiden Herzöge gehen 27 Städtegründungen zurück. Eine zweite Gründungszeit fällt in das 14. Jahrhundert unter die Herrschaft Ludwig des Baiern, der die Kaiserwürde im Reich mit der Herzogswürde in Bayern verband. So wurden zwischen 1183 und 1500 insgesamt 110 Städte gegründet.

Der Mensch der Gegenwart hat einen anderen Stadtbegriff, als ihn das Mittelalter kannte. Unter einer Stadt wird seit dem 19. Jahrhundert stets eine Großsiedlung, mindestens aber eine größere Siedlung mit einer umfangreichen Bebauung auf einer großen, vom Umland nicht klar abgegrenzten Fläche verstanden. Das Mittelalter hat diesen Stadtbegriff nicht gekannt, es verstand ihn mehr markt- und handwerksrechtlich als siedlungswirtschaftlich.

Die Stadt war eine bestimmte, für die damalige Zeit sehr moderne Rechtskonstruktion, die dem Handwerk und dem Gewerbe ganz bestimmte wirtschaftliche und soziale Entwicklungsmöglichkeiten eröffnete. Auf der Grundlage des Münchner Stadtrechtsmodells konnte sich in Bayern das Gewerbe- und Handwerksrecht ausbilden und dann bis zum Zunftrecht verdichten.

Als 1808 in Bayern die sogenannte Konstitution als eine erste Verfassung erlassen wurde, verband man damit auch ein neues Gewerberecht. Bei seiner Vorbereitung wurden im ganzen Land noch etwa 9100 Zünfte festgestellt. Sie alle hatten in dieser mittelalterlichen Rechtsentwicklung ihren Ursprung. Die Zahl von 9100 Zünften erscheint sehr hoch, aber das ist durch die außerordentliche Vielfalt der Gewerbe zu erklären, so daß die einzelne Zunft meist mitgliederschwach war. Ebenso wie im übrigen Deutschland wandten nämlich die Zünfte ein konsequentes Fachprinzip an und gliederten sich nach der Gewerbeart, ohne Rücksicht darauf zu nehmen, ob das einzelne Gewerbe in einer Stadt nun durch viele oder durch wenige zunftfähige Meister vertreten wurde.

Zu den bemerkenswertesten Erscheinungen der bayerischen Landesgeschichte gehört es nun, daß zur gleichen Zeit, zu der sich das Stadt- und Handwerksrecht so lebhaft ausprägt und die Zünfte ihre volle Entfaltung finden, auch schon die Gegenentwicklung einsetzt. Sie wird durch die „Ottonische Handveste" von 1311 Herzog Otto III. eingeleitet, die zunächst nur für Niederbayern galt.

Diese Bezeichnung trägt die Niederschrift, durch die die Bildung des Hofmarkenrechtes möglich wurde. 1330 erließ dann Kaiser Ludwig der Baier das Hofmarkendiplom, das diese niederbayerische Entwicklung auf das übrige wittelsbachische Herrschaftsgebiet übertrug. Das Landrecht von 1346 hat diese rechtliche Grundlagenentwicklung abgeschlossen.

Die Hofmarken der Geschichte waren eine Mischung aus politischer Gemeinde, Gerichtsbezirk und Wirtschaftsunternehmen. Bei den Hofmarksherren lagen die niedere Zivil- und Strafgerichtsbarkeit, die im Mittelalter noch nicht getrennt waren, die Schieds- und die Urkundsgerichtsbarkeit. Zugleich waren mit dem Besitz einer Hofmark wirtschaftliche Vorrechte verbunden, wie das Brau- und Mühlenrecht, das Vorrangsrecht auf die Nutzung der Wasserkräfte, der örtliche Wildbann und ähnliche Feudalrechte.

Vor allem aber besaßen die Hofmarksherrschaften ein wirtschaftliches Konzessions- und Zulassungsrecht für das Handwerk, das Gewerbe und die ländliche Kleinsiedlung,

das dem Recht der Städte und der Zünfte praktisch gleich-
stand und sich bis zu dem Gewerberecht von 1808 auch gegen das landesherrschaftliche Recht der Gewerbezulas-
sung behaupten konnte. Die kleine Adelshofmark mit
nicht mehr als 350 Einwohnern ist für Niederbayern typisch. Dort hat sie ihre kräftigste Ausprägung erfahren.

Es gab geschlossene Hofmarken, die ein zusammenhän-
gendes Gebiet bildeten, aber auch offene, die von Siedlungen durchsetzt waren, die zu anderen Herrschaftsträgern
gehörten. Ab 1555 konnten die Hofmarksherrschaften
auch sogenannte einschichtige Anwesen ohne räumlichen
Zusammenhang mit ihren Hofmarken zum gleichen Recht
besitzen, mußten aber gemäß dem 60. Brief zur Landes-
freiheit von Herzog Albrecht V., der diese Rechte bestä-
tigte, ihre Leistungen für die Untertanen erheblich erwei-
tern und verstärken. So war jede Hofmarksherrschaft ver-
pflichtet, alle Rechtshandlungen durch einen examinier-
ten Juristen der Universität Ingolstadt ausführen zu lassen
und dafür zu sorgen, daß kein Hofmarksangehöriger mehr
als zwei Wegstunden bis zum nächsten Verwaltungsbeam-
ten zurückzulegen hatte.

Da die Hofmarksgerichte eine umfassende Protokoll-
und Aktenführungspflicht für alle Eingesessenen hatten,
war der Aufwand zur Erfüllung dieser Auflagen hoch und
wurde meistens durch die Verwaltungs- und Gerichtsge-
bühren, die für die einzelne Handlung zu entrichten waren, nicht gedeckt. Mit diesen hohen „Betriebskosten“,
aber auch mit den wirtschaftlichen Interessen einer Hofmarksherrschaft sind deren Bemühungen um eine möglichst dichte landwirtschaftlich-handwerkliche Besiedlung
der einzelnen, von Haus aus kleinen Hofmarksgebiete zu

erklären. Mit jedem Einwohner, der hinzugewonnen werden konnte, entstand eine günstigere Kostenverteilung, und vor allem war ein zusätzlicher Abgabenträger gewonnen. Dieses Interesse hat sich beim niederbayerischen Adel am meisten ausgeprägt, einfach deshalb, weil er im Vergleich zum Prälatenstand nur einen bescheidenen selbstgenutzten land- und forstwirtschaftlichen Bodenbesitz hatte und deshalb besonders auf das Brau-, Mühlen- und Gewerberecht in seiner Hofmark achten mußte.

Mit dieser Interessenlage läßt es sich erklären, daß kurz nach der Festigung der handwerksrechtlichen Verhältnisse in den Landstädten mit ihren Zünften auch schon die Gegenentwicklung eingesetzt hat, die der Wirtschaftshistoriker Eckart Schremmer die „Territorialisierung des Gewerbes" nennt. Damit ist die Bildung eines breit angelegten Landhandwerks mit einem sogenannten Hofmarksschutz gemeint. Dies bedeutete, daß ein Recht zur Niederlassung als Handwerker unabhängig von den Zünften, wohl aber abhängig von der Fähigkeit und der Bereitschaft zur Entrichtung einer Konzessionsabgabe an den Hofmarksherren entstand, an der manche Züge an die moderne Gewerbesteuer erinnern. Ein Geselle oder ein Jungmeister, in vielen Fällen freilich auch nur ein siedlungswilliger Dienstbote, der sich handwerkliche Fertigkeiten angeeignet hatte, sie alle fanden die Möglichkeit der Niederlassung und der Gewerbeausübung durch eine hofmarksherrschaftliche Konzession, die meist auch zu niedrigen Erstabgaben zu erlangen war.

Das Siedlungsbild des bayerischen Dorfes ist durch diese Vergünstigungen für das Landhandwerk stark geprägt worden. Die Hofmarkshandwerker erhielten nämlich meistens von der Herrschaft das Besitzrecht an einem „Häusl", das die Herrschaft selbst hatte erbauen lassen und das mit Wohn- und Handwerksräumen, mit Stallungen für hauswirtschaftliche Viehhaltung und bescheidenen Unterbringungsmöglichkeiten für Bodenprodukte versehen war. Diese „Sternguckerhäuschen", wie ein volkstümlicher bayerischer Ausdruck für diese Anwesen gelautet hat, wurden in der Regel mit einem Landumgriff ausgestattet, der die Erzeugung von eigenen Bodenprodukten und mindestens die Kleinviehhaltung ermöglichte. Außerdem erhielten diese Handwerker das Nutzungsrecht an Nebenflächen, wie Rainen oder Gräben, die der Hofmarksherrschaft direkt unterstanden.

Auf diese Weise konnten Familienexistenzen begründet werden, die sowohl auf Handwerk wie auf Landwirtschaft beruhten. Der Regelfall war der Zuerwerb auf etwa 0,5 bis 3 Hektar – für die Hofmarksherren ein gutes Geschäft, weil solche Kleinflächen besonders intensiv genutzt wurden und entsprechend hohe Abgaben aus der Agrarproduktion, die in der Vergangenheit etwa 28 bis 32 Prozent betrug, erbrachten. Die hohen Anforderungen der Zünfte an die Zulassung, wie etwa der Nachweis zünftischer Ahnen, waren bei der Erlangung solcher Existenzformen ebensowenig notwendig, wie nur allzuoft leider auch Ausbildungsnachweise nicht verlangt wurden. Es ist also nicht ganz unverständlich, wenn sich die Vertreter des zünftischen Handwerks in ungezählten Beschwerden an die Landesherrschaft immer wieder über diese Praxis der ländlichen Hofmarksherrschaften beschwerten und die Landhandwerker mit Hofmarksschutz „Pfuscher, Störer und Bönhasen" nannten.

In der Tat waren wegen der fehlenden Ausbildungs- und Qualitätskontrolle nicht gerade wenige unter ihnen, die nicht die beste Arbeit lieferten. Im niederbayerischen Sprachgebrauch hat sich manches aus den Handwerksverhältnissen jener Zeit erhalten, so etwa die Tätigkeitsbezeichnung „Störschneider" für einen Schneider, der auf die „Stör" geht, also in die Häuser der Kundschaft kommt, oder die Feststellung, dieser oder jener „pfusche ins Handwerk". Welchen Sinn man dem Schimpfwort „Bönhase" beilegen soll, das hat sich allerdings nicht recht aufklären lassen.

In Bayern hat diese Entwicklung schließlich dazu geführt, daß es das Reichsterritorium mit der höchsten Handwerkerdichte aller Teilstaaten des alten Reiches wurde. Auf 100 Einwohner entfielen 7,2 Meister und Gesellen. Im Reichsdurchschnitt waren es nur 2,1; selbst das handwerkspolitisch sehr liberale Preußen brachte es im späten 17. und im 18. Jahrhundert nur auf 3,5 Meister und Gesellen je 100 Einwohner, und dies, obwohl das Land drei Kriege wegen des Handwerks geführt hatte, nämlich die Schlesischen Kriege. Bei ihnen ging es in erster Linie um den Besitz der Landschaften Schlesiens mit Heimtextilgewerbe, das exportfähige Produkte herstellte.

Die räumliche Basis für diese Gewerbedichte fand sich in den 1050 Hofmarken und 28 Herrschaftsgerichten des alten Bayern. Die Klöster haben, obwohl 56 Prozent aller Einwohner Bayerns in Klosterhofmarken lebten, eine zurückhaltendere Position eingenommen, weil sie sehr viel lohnabhängige Eigenhandwerker beschäftigten, so daß sich schon daran die führende Position der Adelshofmark auf diesem Gebiet der Binnenkolonisation zeigt. Die Landesherrschaft hat dagegen versucht, mit einer Fülle von Verordnungen und Verboten sowohl die Zünfte zu stützen als auch der Neigung der Hofmarken entgegenzuwirken, die Handwerkersiedlung und die Gewerbebeschäftigung auf dem Lande zu verstärken.

Interessant ist aber, daß sich die Städte und Märkte in dieser Frage meist recht uneinheitlich verhalten haben. Sobald sie nämlich in den Besitz von Hofmarken gelangt waren, verfuhren sie bei der Verteilung von Handwerkskonzessionen und Ansiedlungsbewilligungen nicht weniger großzügig als ihre adeligen Vorgänger.

Die Bedeutung der Montanindustrie in der Oberpfalz und die Verbreitung der adeligen Hofmarken können Erklärungen dafür liefern, daß diese Landschaft – vergleichende Untersuchungen gibt es bisher nicht – die höchste Gewerbedichte aller Siedlungsgebiete im deutschen Sprachraum, nämlich elf Handwerker pro 100 Einwohner, erreicht hat. Sehr häufig lassen sich neben der Verbindung von handwerklichem und landwirtschaftlichem Erwerb in der Oberpfalz wie in Niederbayern auch Mehrfachkombinationen mit Arbeitnehmererwerb oder mit Handels- und Gewerbetätigkeiten feststellen.

Noch nach dem letzten Krieg konnte man in den meisten niederbayerischen Marktorten Dutzende solcher Existenzformen beobachten, die ihre Stabilität durch die lange Entwicklungszeit gewinnen konnten, in der in einer Einheit von Heim- und Betriebsstätte von Mitgliedern der gleichen Sippe die gleichen Tätigkeiten ausgeübt wurden. Ein besonders gutes Beispiel dafür ist die so häufige Verbindung von Bäckerei, Kramerei und Gastwirtschaft oder auch die Kombination von Metzgerei, Viehhandel und

Korbflechter (Freilichtmuseum an der Glentleiten über Großweil).

eigener Landwirtschaft oder von Schmiede und Brennstoffhandel. Freilich war es ein wirtschaftlich sehr schwaches Handwerk, die Alleinmeister beherrschten das Bild der Gewerbeorte, die Einkommen aus den meisten Handwerken erreichten nur 40 bis 60 Prozent der Einkommen der landwirtschaftlichen Dienstnehmer.

Ebenso muß man aber auch noch die Aufteilung der Gewerbeberechtigungen auf die einzelnen Gewerbearten berücksichtigen. Die erste umfassende Gewerbestatistik aus dem 18. Jahrhundert nennt für ganz Bayern 105 verschiedene Gewerbearten. Der Unterschied erklärt sich daraus, daß sich in den Landorten bestimmte Handwerksarten nicht finden, die nur für den Bedarf des Hofes und des Hochadels in der Residenzstadt produzieren. An der Spitze stehen die Weber, die Strumpfstricker und die Tuchmacher, gefolgt von den Handelsleuten und Kramern, den metallverarbeitenden Handwerken, den Müllern und Metzgern, den Bauhandwerkern, den Schustern, Schneidern, Küfnern und den Bindern.

In diesen 95 Handwerksarten waren 38 502 Personen ganz oder teilweise beschäftigt. Dies entspricht 11 Prozent der Gesamtbevölkerung, bei einer Erwerbsquote von etwa 45 Prozent, wie man sie für die damalige Zeit annehmen kann, fast einem Viertel aller Erwerbstätigen. Somit hatten in Bayern das Handwerk und das Gewerbe eine Spitzenstellung in der Gesamtwirtschaft. Man kann fast von einem Gewerbegebiet mit landwirtschaftlichem Zuerwerb sprechen, auf jeden Fall hat aber die gängige Meinung vom „Bauernland Bayern" eine Überprüfung nötig.

Die beiden größten ländlichen Gewerbekonzentrationen wies die Oberpfalz auf, einmal mit dem Eisenverhüttungsgebiet in der mittleren und südlichen Oberpfalz, zum anderen mit dem Produktionsschwerpunkt um Weiden für das Textil- und Bekleidungshandwerk. Allein im Textilbereich lassen sich 8 746 Beschäftigte mit einem Anteil von 23 Prozent an der gesamten Handwerkerschaft feststellen, gefolgt vom lebensmittelverarbeitenden Handwerk einschließlich der Gaststättenbetriebe mit 6 744 Beschäftigten und einem Anteil von 17,5 Prozent. An dritter Stelle stand das holzverarbeitende Handwerk mit 2 686 Beschäftigten und einem Anteil von 6,9 Prozent, und an vierter Stelle kamen die Metallhandwerker – die meisten von ihnen waren oberpfälzische Eisenwerker und Hufschmiede – mit 1 626 Arbeitsplätzen und einem Anteil von 4,2 Prozent an der Handwerkerbeschäftigung Ostbayerns.

Die Montanindustrie der Oberpfalz wird von den Statistikern des 17. und 18. Jahrhunderts schon nicht mehr zum Handwerk gerechnet, sondern zusammen mit dem Oberrecht der Landesherrschaft über Bergrechte behandelt. Das wird verständlich, wenn man die Produktionszahlen heranzieht. Die Erzgewinnung der Oberpfalz erreichte im 18. Jahrhundert 250 000 bis 280 000 Zentner, 51 Hammerbetriebe erzeugten 45 000 Zentner Schmiedeeisen. Der Gewinn betrug bei einem Durchschnittspreis von 11 Gulden und Gestehungskosten von rund 9 Gulden pro Zentner etwa 73 000 Gulden pro Jahr, das ist eine Rate von 13 Prozent, die in kaum einem anderen Produktionszweig außerhalb der Salzwirtschaft Bayerns erreicht wurde.

In der Montanwirtschaft waren etwa 1700 Menschen tätig, davon 480 Meister. Nimmt man 3,5 Mitglieder für eine – statistische – Familie an, dann lebten etwa 5500 bis 6000 Einwohner der Oberpfalz von der Montanwirtschaft. Das sind bei einer Bevölkerungszahl von 229 000 Menschen immerhin 2,5 bis 3 Prozent. Diese Zahlen machen es verständlich, daß in der damaligen Statistik die Eisenindustrie der Oberpfalz eben als „Industrie" und nicht mehr als Handwerk erscheinen mußte, gab es doch im ganzen Kurfürstentum nur 191 Gewerbebetriebe mit mehr als zehn Beschäftigten – ohne die Reichenhaller und Traunsteiner Salinen. Außerdem waren die 38 Eisenbetriebe, davon zwei als Hochöfen, überwiegend in der Hand der Landesherrschaft, des Adels und der Oberpfälzer Städte, vor allem die bei Auerbach und Neunburg. Der zünftische Hammermeister als angestellter Betriebsleiter war bei ihnen allerdings bereits eine Selbstverständlichkeit, nur das Kloster Ennsdorf setzte noch Laienbrüder aus seinem Konvent als Hammermeister ein.

Vier Handwerksarten haben im übrigen 52 Prozent aller Handwerker aufgenommen. Im größten Beschäftigungsbereich, der Textilwirtschaft, sind die Übergänge zwischen Hausgewerbe und Landwirtschaft fließend. Deshalb sind auch die Angaben über die Beschäftigtenzahlen letztlich nur rechnerische Werte. Aussagefähiger wären Angaben über die Zahl der Webstühle oder der Tuchmacher- und Schneidertische, so wie man im preußischen Schlesien das Gewerbe gezählt hat, und zwar deshalb, weil unter den Lebensbedingungen der Vergangenheit nicht festzustellen ist, wer im einzelnen das Gerät bedient und damit jeweils die Produktion auch durchgeführt hat. Gerade das Textilhandwerk war eigentlich ein Familienhandwerk, an dem alle Familienmitglieder und in den mittleren und größeren bäuerlichen Anwesen auch die Ehhalten teilgenommen haben. Es diente zur Deckung des Eigenbedarfs, zur Verarbeitung von Eigenprodukten in marktfähige Erzeugnisse und vor allem zum Arbeitsausgleich durch die Verwertung von Restarbeitszeiten.

Es ist anzunehmen, daß im Textilhandwerk ein wesentlicher, vielleicht oft überwiegender Teil der handwerklichen Produktion von den Frauen getragen wurde. Die Erwerbstätigkeit der Frauen war der Normalzustand, nur daß sowohl Handwerk wie auch Landwirtschaft in der

Spinnstube (Freilichtmuseum an der Glentleiten über Großweil).

Lage waren, Erwerbsformen anzubieten, die sich ohne Schwierigkeiten mit dem Familienleben und der Heimstätte verbinden ließen – Kennzeichen von Handwerk und Landwirtschaft, die bis heute wenigstens in den Grundzügen erhalten geblieben sind. Man kann an diesen Merkmalen auch ablesen, daß die beiden Bereiche Handwerk und Landwirtschaft stets sozial günstigere Lebensformen anbieten konnten als die stationäre und auf wenige Punkte konzentrierte Industrie.

Man muß sich also gewerbliche, landwirtschaftliche und häusliche Arbeit in der Vergangenheit als eine Familienarbeit vorstellen, an der alle Familienmitglieder, auch Kinder und Heranwachsende, teilgenommen haben. Es wäre unbedacht, daraus auf Überbeanspruchung oder Ausbeutung zu schließen. Viel näher kommt der Wirklichkeit, daß in der Landwirtschaft und auch in einem Teil der Handwerke, namentlich der Bauhandwerke, die Bindung der Arbeit an die Jahreszeiten und an die von ihnen bestimmten Saisonen eine gleichmäßige Beschäftigung gar nicht zuließen.

Die Landwirtschaft der Geschichte mit ihrer Dreifelderwirtschaft und dem alles beherrschenden Getreideanbau kannte zwar in den Aussaat- und Erntezeiten hohe Arbeitsspitzen mit außerordentlichen Beanspruchungen von Mensch und Tier, aber sie waren befristet und wurden vor der Einführung der Bestellung der Brache und des Hackfruchtanbaus stets von arbeitsarmen Zeiten abgelöst. Daraus erklärt sich, daß bei den damaligen Landbewohnern etwa ein Drittel der Arbeitszeit frei verfügbar war. Die Möglichkeit, diesen Freiraum in der unfreundlichen Jahreszeit durch gewerbliche Tätigkeit im Haus, in geschütz-

△

Haspel zum Aufwickeln von Flachs-
garn (Heimathaus Sixthof, Aying).

◁

Haspel zum Bündeln des Flachsgarns
zu Strängen
(Heimathaus Sixthof, Aying).

ten Räumen, zu verwerten, war willkommen und wurde als angenehm empfunden.

Besondere Bedeutung hatte die fast übergangslose Einheit zwischen persönlicher Lebensführung und Arbeitsverrichtung. Schon der Zwang zur Ausnutzung der wenigen Licht- und Wärmequellen veranlaßte die Menschen zum gemeinsamen Aufenthalt in einem größeren Raum des Hauses. Der Drang, sich auch dabei zu beschäftigen – es wurde ja wenig gelesen, sondern alles, was berichtet werden sollte, erzählt – ließ es nicht als Last, sondern als erwünschte Beschäftigung erscheinen, gleichzeitig das Spinnrad zu treiben, den Webstuhl zu treten oder Rechenzinken zu schnitzen. Die sogenannte Spinnstubenromantik, die bis heute nicht ganz vergessen ist, hat in diesen handwerklichen Produktionsweisen ihre Wurzeln.

Diese Spinnstuben waren bei der ländlichen Jugend so sehr geschätzt, daß in der beginnenden Aufklärung, als man anfing, niederzuschreiben, worüber man das Volk belehren wollte, nicht wenige Pfarrherren, Dorfschullehrer und Staatsbeamte lauthals und wortreich über das Übel der Spinnstuben gejammert haben, in die das Volk mit aller Macht hineindränge, weil sich dort „Leichtfertigkeiten aller Art" begäben.

Genauere Angaben über das wirtschaftliche Ergebnis der Handwerkstätigkeiten sind erst für das 18. Jahrhundert verfügbar. Damals hat man vielfältige Versuche angestellt, eine Handwerksstatistik zu schaffen. Ihr Ergebnis enthält noch viele Ungenauigkeiten, erlaubt aber wenigstens für die wichtigsten Handwerksformen, besonders das Textil- und das Metallhandwerk, gewisse Durchschnittsangaben über den Umsatz, die wenigstens eine

Vorstellung von den wirtschaftlichen Verhältnissen der Handwerker vermitteln.

Danach sind pro Jahr und Meisterbetrieb ein durchschnittlicher Umsatz von 180 Gulden und von etwa 60 Gulden pro Beschäftigtem anzunehmen. Für die wichtigsten ostbayerischen Handwerksbranchen kann man mit drei Beschäftigten pro Betriebsstätte rechnen. Das entspricht dann auch etwa den Vorschriften der Zünfte über die Begrenzung der Beschäftigtenzahlen. Den Zünften lag ja vor allem an einer breiten Verteilung eines begrenzten Geschäfts- und Arbeitsumfanges, den sie über eine Beschränkung der Produktionsmengen und der Beschäftigtenzahlen pro Meisterbetrieb unter eine möglichst große Zahl von Zunftmitgliedern aufteilen wollten.

Je nach der Handwerksart lagen die Umsätze pro Beschäftigten zwischen 57 und 940 Gulden. Das sind außerordentlich starke Schwankungen, die auf den ersten Blick nur sehr schwer zu erklären sind. Bei näherem Zusehen findet man aber die gleichen Regeln, die auch heute noch den Umsatz pro Beschäftigten beeinflussen, nämlich die Kapital- und Technikausstattung der einzelnen Handwerksart als den wichtigsten Grund für diese großen Unterschiede. Die höchsten Umsätze pro Beschäftigten erreichten die Brauereien, die größeren Mühlen mit mehreren Mahlstühlen, die Eisenwerke der Oberpfalz und die mit Wasserkraft betriebenen Hammerschmieden. Freilich war im Vergleich zu den arbeitsintensiven Handwerken der Kapitaleinsatz auch 30- bis 40mal höher, weil für eine Brauerei, eine Hammerschmiede oder ein Eisenwerk Einrichtungen notwendig waren, die für die Begriffe der Vergangenheit als Großanlagen galten. Umgekehrt konnten arbeitsintensive Gewerbe, wie das gesamte Textilgewerbe, die lebensmittelverarbeitenden Handwerke und das Schmiede- und Schlosserhandwerk bei niedrigem Kapitaleinsatz hohe Beschäftigtenzahlen erreichen. Im Durchschnitt der untersuchten Handwerke wurde ein Gewerbekapital von 172 Gulden eingesetzt.

Nach den Begriffen der modernen Betriebswirtschaft gehören zum Gewerbekapital alle Betriebsgrundstücke, Betriebsgebäude und festen Anlagen, Arbeitsmittel und Vorräte sowie Gegenstände des laufenden Betriebsverbrauches und die Energieanlagen. Für die Vergangenheit tut man sich schwer, solche Begriffe zu übertragen. Gerade das außerzünftische Landhandwerk, das gesamte Textil- und Bekleidungshandwerk und meistens auch die Gewerbearten, in denen Handwerk und Handel miteinander verbunden waren, kannten keine Trennung von Arbeits- und Wohnräumen; die Gebäude wurden zu beiden Zwecken gleichzeitig genutzt, und hinzu kam noch sehr häufig eine landwirtschaftliche Nebennutzung der vorhandenen Gebäude und Grundstücke von unterschiedlichstem Umfang. Deshalb konzentriert sich der Begriff des Gewerbekapitals für die arbeitsintensiven Handwerke der Vergangenheit meistens auf das Inventar, im Textilhandwerk also zum Beispiel auf den Webstuhl und die zu ihm gehörenden Hilfsgeräte, die Garnvorräte und eventuell gehaltene und verkaufte Fertigprodukte.

Dem Menschen der Gegenwart bereitet es mannigfache Schwierigkeiten, sich überhaupt noch ein Bild von den Wertverhältnissen der Währungen vergangener Geschichtsperioden zu machen, die sich in Kaufkraft ausdrücken. Nachdem sich die Geldwirtschaft im 13. und 14.

Jahrhundert in den Städten und im Marktverkehr weitgehend durchgesetzt hatte, wurde in Pfennigen und bei größeren Einheiten in Pfundpfennigen gerechnet. Für das Edelmetall Silber galt als Gewichtseinheit die Mark; dieser Ausdruck bezeichnete damals also noch keine Währung. In der Mitte des 16. Jahrhunderts, 1555, haben sich der Thaler und der Gulden als Reichs- und Landeswährung eingeführt.

Im Verlauf der nächsten 300 Jahre hat der Gulden eine recht kräftige Wertauszehrung erleben müssen, so daß Vergleiche zwischen der Kaufkraft des Gulden in den wirtschaftlich gerade für Bayern so günstigen Jahrzehnten zwischen 1560 und 1618 – dem Jahr, in dem der Dreißigjährige Krieg begann – und 1720 oder 1780 nur sehr bedingt möglich sind. Am ehesten kann man sich noch eine Vorstellung davon machen, welche Kaufkraft und welche volkswirtschaftliche Leistung hinter einem Handwerksumsatz von 180 Gulden pro Handwerksstätte oder von 60 Gulden pro Beschäftigtem stehen, wenn man die Preise für Grundnahrungsmittel zum Vergleich heranzieht. Das Getreide, das immer als Vergleichsbasis dient, wurde im alten Bayern nach bayerischem Scheffel abgemessen. Ein Scheffel Roggen entsprach einem Hohlmaß von 220 Litern und einem Gewichtsmaß von etwa 160 Kilogramm. Vor 1618 kosteten in Ostbayern ein Scheffel Roggen 7 bis 9 Gulden, ein Scheffel Weizen 11 bis 14 Gulden, ein Scheffel Hafer 4 bis 6 Gulden – die Preisschwankungen waren von Ernte zu Ernte stets sehr groß –, eine Milchkuh kostete 22 Gulden. Für Rindfleisch bezahlte der Verbraucher 7 bis 9 Kreuzer auf das Pfund, eine Maaß Bier kostete 3 Kreuzer, eine Maaß Milch 2 Kreuzer.

Die beliebteste Vergleichsgrundlage ist meist der Roggen. Wenn man seine Preise aus der damaligen Zeit zum Maßstab nimmt, kann man annehmen, daß ein Handwerksbetrieb damals etwa den Wert von 3600 Kilogramm Roggen im Jahr umgesetzt hat. Bei allen Vorbehalten, die man heute anbringen muß, wenn man Vergleiche zwischen der Vergangenheit und der Gegenwart anstellen will, läßt sich doch als Anhaltswert angeben, daß diese Gewichtsmenge nach dem heutigen Roggenpreis im Preisgebiet von Passau etwa 16 000 DM entspricht. Der Umsatz eines Handwerksbeschäftigten lag bei etwa 5000 DM. Diese Zahlen können aber eben nur als Versuch zur Veranschaulichung der Wertverhältnisse von Handwerksarbeit und Handwerksprodukt gelten.

Das 18. Jahrhundert war für viele Handwerksarten eine wirtschaftlich ungünstige Zeit. Gewerbe und Handwerk konnten die ausgezeichnete Preiskonjunktur der Landwirtschaft mit ihrer kräftigen Anhebung der Getreidepreise um ein Drittel bis zur Hälfte in keiner Weise mitmachen. Die Kaufkraft der Handwerksarbeit ging gegenüber den wichtigsten Produkten, die eine Handwerkerfamilie einkaufen mußte, ständig zurück. Der Niedergang des Handwerks, der zu Beginn des 19. Jahrhunderts dann zu einer recht deutlichen Rückwendung zum landwirtschaftlichen Zuerwerb führte, findet in diesen verschlechterten Kaufkraftverhältnissen einen Teil seiner Erklärungen.

Recht beeindruckend sind die Angaben über die Handwerkslöhne im 16. und frühen 17. Jahrhundert. Es hat zahllose landesherrschaftliche Lohnverordnungen gegeben, die sich in den Landrechten niederschlugen, alle mit dem Ziel, die Produktionskosten in Handwerk und Landwirt-

Schäffler (Freilichtmuseum an der Glentleiten über Großweil).

schaft niedrig zu halten, um das wirtschaftliche Wachstum und vor allem die Exportfähigkeit zu steigern. Die Meisterlöhne werden mit 22 bis 30 Kreuzern pro Tag, die Löhne der Gesellen mit 18 Kreuzern und die der Bauhelfer, Zuarbeiter und Tagwerker mit 12 bis 18 Kreuzern pro Tag angegeben. Bei voller Kost am Tisch des Meisters lassen sich Abzüge von 30 bis 50 Prozent feststellen. Das hat freilich sehr oft keine Rolle gespielt, denn das außerzünftische Landhandwerk arbeitete ohnehin nur mit Familienmitgliedern. Da der Gulden jener Zeit 60 Kreuzer zählte, lassen die Angaben also erkennen, daß die Löhne zwischen dem zweiten und dem sechsten Teil eines Gulden schwankten. Solche Aussagen zeigen aber nur sehr wenig von den tatsächlichen Einkommen auf; wenn man diese feststellen will, müssen die Arbeitszeiten bekannt sein.

Die Arbeitsmenge bei Handwerkern und Teilgewerbetreibenden läßt sich immer nur auf Umwegen schätzen, denn Summenlohnabrechnungen, die auf ein ganzes Jahr bezogen sind, fehlen natürlich meistens, so daß man nur aus Einzelabrechnungen, etwa für ein Bauwerk, auf die gesamte Arbeitszeit schließen kann. Sobald man aber die Feiertagsordnungen und die Lohnakten adeliger und klösterlicher Herrschaften zum Maßstab heranzieht, kommt man zu der Annahme, daß nur an wenig mehr als vier Tagen der Woche gearbeitet wurde, daß also etwa ein Drittel der Jahrestage arbeitsfrei waren. Die „blauen Montage" waren eben oft auch Dienstage oder Freitage. Man kann hinter diesen Gebräuchen auch einen Verteilungsversuch für Arbeit sehen, eben den Versuch, sich an die begrenzte Aufnahmefähigkeit der einzelnen Beschäftigungsarten für Arbeitszeiten anzupassen. So können wohl bei den damaligen Feiertagsordnungen kaum mehr als 2000 Jahresarbeitsstunden für einen Handwerker geschätzt werden.

Da das Landhandwerk eine besondere Rolle gespielt hat, wo ja noch der Arbeitsbedarf der eigenen Landwirtschaft gesichert werden mußte, ist zu vermuten, daß in diesem kombinierten landwirtschaftlich-handwerklichen Bereich die Hälfte der üblichen Arbeitszeit verbraucht wurde und die andere für gewerbliche Tätigkeit zur Verfügung stand. Diese Schätzung ist allerdings nur für Betätigungen brauchbar, bei denen der Zeitlohn üblich war, bei anderen – und das waren oft die wichtigeren – wie dem Textilhandwerk versagen solche Überlegungen, weil es hier ja faktisch nur den Stücklohn gab, der im Preis des abgesetzten Fertigprodukts eingeschlossen war.

Im Landhandwerk konnten 50 bis 60 Gulden, in den ergiebigeren Handwerken, wie zum Beispiel in der Metalloder Holzverarbeitung, auch Jahresverdienste von 70 bis 80 Gulden erreicht werden. Der Kapitaleinsatz war niedrig, und man hatte außerdem noch die Möglichkeit, einen Teil der handwerklich verarbeiteten Rohstoffe selbst zu erzeugen, zum Beispiel im Textil- sowie im einfachen Holzhandwerk, so daß auf diese Weise recht ansehnliche Veredelungsgewinne zu erzielen waren. Diese Handwerksformen waren nur in geringem Maße auf Vorprodukte angewiesen. Im Endergebnis findet man Familieneinkommen zwischen 160 bis 200 Gulden pro Jahr beim ländlichen und kleinstädtischen Handwerk; damit konnte eine bescheidene Existenz für eine vierköpfige Familie gesichert werden.

Gewöhnlich verbindet sich bei dem Gedanken an frühere Zeiten die Vorstellung von großen Familien, aber je mehr die Personenstandsüberlieferungen erforscht werden, desto mehr zeigt sich, daß es Großfamilien im engeren Wortsinn, die aus mehreren Vertretern von drei Generationen bestanden haben, nur selten gegeben hat. Als größte soziale Einheit erscheint die Familie überhaupt erst wegen des Zusammenlebens von Familienangehörigen und Gesellen im Handwerk und von der bäuerlichen Familie und den Dienstboten in der Landwirtschaft.

Diese Lebensformen machten die eigene Landwirtschaft für das Handwerk wieder so interessant, weil ja ein Großteil der Löhne in Naturalform gegeben wurde, nämlich durch die Gewährung von freier Kost und Wohnung, vielfach auch von Kleidung und Schuhwerk, alles Lohnbestandteile, die in den Grundformen im eigenen landwirtschaftlichen Haushalt gewonnen und oft auch aufbereitet werden konnten.

Die Angaben über den Geldwert der Einkommen, wie sie oben gemacht wurden, sagen der Gegenwart natürlich recht wenig. Deshalb kommt man wieder am ehesten mit einer Umrechnung auf die Kaufkraft gegenüber Nahrungsmitteln weiter. Bei den in Bayern üblichen Roggenpreisen darf man annehmen, daß eine kleinstädtische oder ländliche Handwerkerfamilie mit der von einer Person pro Tag in Handwerk und Landwirtschaft geleisteten Arbeit etwa 16 Kilogramm Roggen kaufen konnte. Da die Erwerbsarbeit Familienarbeit war, also mehrere Personen in wechselndem Umfang am Erwerbsprozeß teilnahmen, kann man davon ausgehen, daß diese 16 Kilogramm Roggen wohl mindestens zu verdreifachen sind, wenn man das tägliche Haushaltseinkommen erfassen will.

Dies gilt für das 17. und das frühe 18. Jahrhundert – die außergewöhnlichen Verhältnisse des Dreißigjährigen Krieges natürlich ausgenommen. Im mittleren 18. Jahrhundert verschlechterte sich dann die Kaufkraft der Handwerksarbeit gegenüber den Grundnahrungsmitteln, während andererseits die Kaufkraft der Landarbeit anstieg. Unter den Bedingungen des Handwerks in Bayern hat dies das Interesse zur teilberuflichen Agrarproduktion erheblich verstärkt.

So entstanden in den Handwerker- und Teilbauernexistenzen Haushaltseinkommen von etwa 250 Gulden im Jahr. Wahrscheinlich lagen die Zahlen aber höher, weil Gelegenheits- und Zusatzarbeiten bewußt verschleiert wurden. Aus vielen Äußerungen der Verwaltung läßt sich nämlich entnehmen, daß das Schwarzarbeiterproblem uralt ist und die Geschichte bereits genauso eine sogenannte Schattenwirtschaft gekannt hat wie die Gegenwart.

Seilerei (Freilichtmuseum an der Glentleiten über Großweil).

Technik und Arbeit bei den Eisen- und Textilhandwerkern

Wie in allen alten Gewerbelandschaften hatte auch in Ostbayern die Textilproduktion eine einzigartige Stellung in der Gewerbestruktur. In der Oberpfalz stellten die Textilhandwerker mit weitem Abstand die größte Gruppe, in Niederbayern waren sie gemeinsam mit den Ernährungshandwerken die am stärksten vertretene Gewerbeform. Sie zählten nicht nur die meisten selbständigen Meister, Gesellen, Lehrlinge und Zuarbeiter, sie hatten auch einen Anteil von etwa einem Viertel am Gesamtumsatz aller Handwerksbetriebe.

Das Textilhandwerk war zugleich das wichtigste Exportgewerbe. Etwa ein Drittel aller Ausfuhren von Handwerkswaren aus Bayern waren Textilerzeugnisse. Der Schwerpunkt lag dabei in Ostbayern. Das Innviertel, 1779 an Österreich abgetreten, und das Herrschaftsgebiet des Hochstiftes Passau sowie der lange Grenzstreifen entlang der bayerisch-böhmischen Grenze in den ostbayerischen Mittelgebirgen bildeten die Produktionsschwerpunkte der Leineweberei. Hier lassen sich ähnliche räumliche Verteilungen des Textilhandwerks beobachten wie in Schlesien, wo auch die Besiedlung der landwirtschaftlich ertragsschwachen Mittelgebirgsregionen durch die fast allgegenwärtige Verbreitung des Textilhandwerks gesichert wurde. Eine Schlüsselbedeutung hatten auch die natürlichen Standortbedingungen, vor allem der Reichtum an Wasserkraft für die Weiterverarbeitung der hergestellten Ware und der hohe Grünlandanteil an der Bodennutzung, der die Flächen für die Bleichvorgänge sicherte.

Der Bayerische Wald hatte sich mit der sogenannten „Waldler Leinwand" ein preiswertes Spezialprodukt geschaffen, das sich auf den Märkten wegen seiner günstigen Gebrauchseigenschaften gut behaupten konnte. Der Flachs oder auch die bereits gesponnenen Garne wurden auf größeren Spezialmärkten umgeschlagen, Gangkofen und Neumarkt in Niederbayern kam dabei die größte Bedeutung zu. Das Textilgewerbe war damit auch gleichzeitig ein gewichtiger Abnehmer landwirtschaftlicher Rohprodukte. Im 17. und 18. Jahrhundert häufen sich die Bemühungen der Landesherrschaft, den Flachsanbau in der bäuerlichen Landwirtschaft zu fördern und gleichzeitig den Export dieses Rohstoffes zu unterbinden, um eine Belieferungs- und Preisstabilität der handwerklichen Verarbeiter zu erreichen. Die Eingriffe gingen bis zu Lenkungen des Anbauverhältnisses in den bäuerlichen Betrieben durch den Erlaß von Flachsanbaugeboten.

Die weitaus größte Bedeutung in der alten bayerischen Textilproduktion aber hatte die Oberpfalz. Für die letzten Jahrzehnte der altüberlieferten Gewerbestrukturen um 1800 werden für dieses Gebiet etwa 4 000 Webstühle angegeben, wobei die Verbindung mit landwirtschaftlicher Produktion die selbstverständliche Grundform der Handwerkerexistenzen bildete.

Produktionsschwerpunkte hatten sich in den Landschaften um Neuburg vorm Wald, Rötz, Waldmünchen und Weiden gebildet, wobei Rötz und Weiden auch die Lieferfunktion für die Rohstoffe übernommen hatten, nämlich als Flachs- und Garnmärkte. In der Oberpfalz konnten auch die Verleger, die für die Textilproduktion überall unentbehrlich waren, größere Bedeutung erlangen. Der Produktionswert der Oberpfälzer Textilerzeugung erreichte etwa eine Million Gulden pro Jahr.

An dieser Stelle sollte auch einmal ein Blick auf die technische Welt des Handwerkers der vorindustriellen Zeit geworfen werden. Typisch für die Landgebiete und die kleinen Landstädte Ostbayerns ist, daß noch bis zur Mitte des 19. Jahrhunderts technische Neuerungen keine Rolle gespielt haben. Gearbeitet wurde noch mit den aus der Zeit großer technischer Innovationen des späten Mittelalters überkommenen Verfahren. Die Textilindustrie als der wichtigste Gewerbezweig ist dafür ein hervorragendes Beispiel.

Bis zum Ende des 13. Jahrhunderts war Jahrtausende lang mit der Handspindel gearbeitet worden, die in ihrer Konstruktion keiner Verbesserung fähig war. An dem Spinnrocken, einem Begriff, der sich bis heute erhalten hat, wenn er meist auch nicht mehr richtig verstanden wird, war das Spinnmaterial befestigt, eine Wirtel, ein metallener Ring, der die Umdrehung der Spindel beschleunigte, war die Spindel selbst befestigt, die den Faden verzwirnte. Dieses Handspinnrad brachte eine deutliche Verbesserung der Leistung und eine Beschleunigung des Verarbeitungsvorgangs. Damit konnten den Webern größere Garnmengen zur Verarbeitung von mehr Stückzahlen zur Verfügung gestellt werden.

Eine nächste technische Neuerung, die um 1530 erfolgte, war die Erfindung des Tretspinnrades. Mit ihm konnte die Wirkung des Handrades vervielfältigt werden, weil nun beide Hände des Spinners für schnellere Arbeit frei waren. Trittbrett und Welle, vom Fuß angetrieben, gaben der Spindel, die damit zur Spule geworden war, ein hö-

Weberei (Freilichtmuseum an der Glentleiten über Großweil).

heres und gleichmäßigeres Umdrehungstempo und er-
möglichten so ein kontinuierliches und gleichzeitiges Spin-
nen und Aufwickeln des Fadens. Mit dieser Technik ist in
den Gebieten, die erst im späteren 19. Jahrhundert von
der Industrialisierung erfaßt wurden, noch bis zur Durchsetzung von Spinn- und Webmaschinen gearbeitet worden.

Das gleiche gilt für den Webstuhl, der sich in seiner technischen Grundkonstruktion durch Jahrtausende nicht geändert hat. Seine Grundform läßt sich bis in die Zeit des
4. Jahrtausends v. Chr. nachweisen. Zwei Querhölzer wurden über dem Boden festgepflockt und zwischen ihnen pa-
rallel die Kettfäden verspannt. Schon in dieser Zeit ist eine

der elementaren Verbesserungstechniken der Herstellung von Geweben gefunden worden, nämlich die sogenannte Fachbildung, mit der es vermieden werden kann, den querlaufenden Schlußfaden von Hand einflechten zu müssen. Zwischen die geraden und ungeraden Kettfäden wurde ein schmales Brettchen eingeschoben, das, verkantet, das Anheben jedes zweiten Kettfadens und damit das Durchschießen des Weberschiffchens ermöglichte. Um dann den Gegenschuß eintragen zu können, wurde das Brettchen wieder flach gelegt und dafür der Schlingenstab angehoben. Dies war eine querliegende Leiste, mit der jeder zweite Kettfaden über eine Schlaufe verschiebbar verbunden blieb. Dadurch konnte sich das Fach in der Gegenrichtung öffnen. Die gegensätzlich in Wellenform eingetragenen Schlußfäden wurden dabei mit einem Kamm dicht aneinander geschlagen, so daß schließlich ein flechtwerkartiges Gewebe entstand, das den Stoff bildete.

Bei diesem Prinzip ist es auch noch in der technisierten Textilverarbeitung geblieben, jedoch hat es im Laufe der Technikgeschichte tiefgreifende Verbesserungen dieser Konstruktion gegeben. Ebenfalls im 13. Jahrhundert entstand der horizontale Trittwebstuhl. Von den vier Tätigkeiten, die der Weber zu verrichten hatte, nämlich die Fachbildung, der Anschlag der Laden, der Antrieb und die Steuerung, konnten zwei – Fachbildung und Ladenanschlag – mechanisiert werden. Die Leistung wurde dadurch wesentlich erhöht, gleichzeitig aber auch die Qualität verbessert. Der technische Fortschritt lag in der Ausnutzung der Muskelkraft der Füße des Webers, die das Gerät antrieben. Freilich stellte die Kontinuität des Arbeitsvorgangs auch entsprechend hohe Anforderungen an die Leistung. Mit dieser Technik haben die Textilhandwerker Ostbayerns noch bis in die vierziger Jahre des 19. Jahrhunderts gearbeitet, bis sie der Konkurrenz der mechanisierten Massenproduktion in den großen Textilzentren Englands, Belgiens, Westfalens und Sachsens nicht mehr gewachsen waren.

Ein anderer wichtiger und für die ostbayerische Wirtschaft seit dem hohen Mittelalter typischer Produktionszweig ist die Glasgewinnung. Vor allem im 17. und 18. Jahrhundert hat die Erzeugung von Hohl- und Flachglas in Bayern ebenso wie in Böhmen einen lebhaften Aufschwung genommen, nicht zuletzt deshalb, weil die ostbayerischen Glashütten preiswertes Gebrauchsglas, namentlich Flaschen, Becher und Gläser, in größeren Serien liefern konnten. Bezeichnenderweise wurde im ganzen deutschen Sprachraum dieses meist grüne Gebrauchsglas auch „Waldglas" genannt.

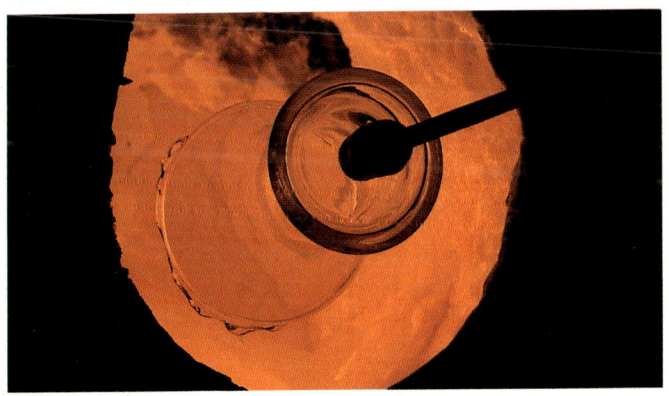

Kölbl an der Glasmacherpfeife.

Die Zusammensetzung der Grundbestandteile des Glases, nämlich Sand, Soda oder Pottasche, die aus Buchenholz gewonnen wurde, sowie Kalkzuschläge haben sich durch sehr lange Zeiträume der Technikgeschichte nicht geändert. Auch die Möglichkeit der Färbung durch die Beigabe von Metalloxiden ist seit der Frühzeit bekannt. Das Schmelzen des Glasgemenges erfolgte in Hafenöfen mit Feuerung auf der Sohle. Der Brennholzverbrauch war dabei sehr hoch, so daß sich in Bayern die Glasproduktion nur in den Landschaften des Bayerischen Waldes und an einigen Standorten in der Oberpfalz auch dann noch behaupten konnte, als bereits allgemeiner Energiemangel herrschte, weil an diesen Standorten, nicht zuletzt infolge einer geordneten Forstwirtschaft, das Angebot an Feuerungsmaterial stabil gehalten werden konnte.

Die Produktions- und Formungsvorgänge erfolgten mit der ebenfalls sehr alten Technik des Mundblasens über das Rohr, ein Verfahren, das sich für hochwertige Spezialglassorten bis heute erhalten hat. Die Gewinnung von Schmuck- und Spiegelglas hat dagegen bis zur Einführung neuerer Techniken im 19. Jahrhundert in der alten bayerischen Glasproduktion nur eine sehr bescheidene Rolle gespielt. Schwerpunkt war die Herstellung von Gebrauchsgütern aus Glas, die auch exportiert werden konnten. Der gesamte Warenexport Bayerns betrug um das Jahr 1800 etwa 207 Millionen Gulden, ein namhafter Teil davon waren Glaswaren.

Glashütte im Bayerischen Wald. ▷

Die nordöstliche Oberpfalz hat, wie die Handwerkszählungen des 18. Jahrhunderts zeigen, ein weit verbreitetes, wenn auch in sehr kleinen Einheiten und mit geringen Stückzahlen produzierendes Gewerbe für Töpfer- und Keramikwaren gekannt. Einmal mehr belegt dieses Beispiel die überragende Bedeutung von technischen und handwerklichen Fertigkeiten und von Facharbeitertraditionen für die Entwicklung von Industrien für hochwertige Produkte. Allein in der nördlichen und östlichen Oberpfalz gab es im 19. Jahrhundert 14 Standorte für die Porzellanproduktion, wobei bezeichnenderweise einer der Schwerpunkte in Waldsassen zu finden ist, also einem Ort mit breiter und technisch hochentwickelter Handwerkertradition, die von den technisch besonders interessierten und begabten Zisterziensern geschaffen worden war.

Wenig bekannt ist dagegen heute, daß der Raum Passau einst ebenfalls einen Schwerpunkt im Keramik- und Porzellangewerbe gebildet hat. Dies geht auf staatliche Initiative zurück. Nach der Übernahme des alten Reichsbistums Passau wurden in München Projekte erwogen, die Königliche Porzellanmanufaktur Nymphenburg entweder nach Passau selbst, und zwar in die Feste Niederhaus, oder ins Schloß Thyrnau nördlich von Passau zu verlegen.

Es kam dann aber schließlich zu einer Betriebsgründung in Obernzell, und zwar, um das große Raumangebot des Schlosses zu verwerten und zugleich die günstige Verkehrslage auszunützen. Auch hier konnte man wieder auf schon bestehende Handwerkertraditionen zurückgreifen, nämlich auf die Produktion der sogenannten Hafnerware von Obernzell, die allerdings auf einer ganz anderen Materialbasis, der Verarbeitung von Graphiterden, beruhte.

Damit kam es zu einer einzigartigen Produktionsart, eben zu der sogenannten Hafnerzeller Schwarzware. Der Warenname bezeichnet den Herkunftsort: das heutige Obernzell an der Donau hieß bis zur bayerischen Zeit Hafnerzell. Wann die Hafnerei in dem Markt begonnen hat, konnte bisher nicht festgestellt werden, Handels- und Schiffahrtsordnungen für die Donau aus dem Mittelalter erwähnen aber bereits den Vertrieb von Hafnerprodukten auf dem Wasserweg. Vom frühen 16. bis zum mittleren 17. Jahrhundert sind Handwerksordnungen der fürstbischöflichen Verwaltung in Passau für die Hafnerei erhalten.

Kröninger Irdenware, glasiert
(Niederbayerisches Heimatmuseum, Dingolfing).

Im 18. Jahrhundert sind zwölf Meisterbetriebe mit etwa 50 Beschäftigten für Obernzell belegt, die Fertigung wurde noch bis zum Ende des 19. Jahrhunderts weitergeführt; in dieser Zeit allerdings in industriellen Formen, wobei sich die Gewerbekonzessionen auf drei Unternehmen konzentrierten. Bis zum Ersten Weltkrieg war noch ein Betrieb tätig; die letzte Werkstätte schloß 1940.

Wenn auch das Hafnergeschirr aus Obernzell am bekanntesten geworden ist, nicht zuletzt wegen seiner hervorragenden Eignung als Kochgeschirr, die sich aus der hohen Wärmeleitfähigkeit des Grundmaterials Graphit ergibt, so waren diese Gebrauchsgüter doch keineswegs die einzigen Produktarten des graphitverarbeitenden Handwerks in Ostbayern. Wegen der einzigartigen wärmetechnischen, also der physikalischen wie auch der chemischen Eigenschaften des Graphits konnten aus diesem Rohstoff auch Schmelzbehälter für die Benützung in der Metallumwandlung durch Schmelz- und Gießereitechnik eingesetzt werden. In Obernzell wurden Schmelztiegel aus Kaolinerde mit Graphitzuschlag hergestellt, sie hatten die Fähigkeit, große Temperaturunterschiede beim Erhitzen und beim anschließenden Abkühlen des Schmelzgutes zu ertragen. Dabei wurde durch Verbrennung stets ein Teil des Graphitzuschlages chemisch umgesetzt, so daß sich die Behälter während der Produktionsvorgänge selbst verbrauchten.

Die Obernzeller Hersteller hatten gleichsam einen einzigartigen Absatzmarkt, der sich durch die Eigenarten der Produktionsvorgänge immer wieder selbst erneuerte. Lieferungen erfolgten an die kaiserlichen und landesfürstlichen Münzen und an die meisten ebenfalls fürstlichen

Gießereiunternehmen im Deutschen Reich, die besonders nach den großen Aufrüstungen der Militärstaaten des Absolutismus einen lebhaften Aufschwung nahmen.

Das Grundmaterial, der Graphit, ist kristallisierter Kohlenstoff, der bei der Berührung schwarz abfärbt und eine ausgeprägte Plastizität hat. Er findet sich in Mitteleuropa im Bayerischen Wald, in Böhmen-Mähren und im niederösterreichischen Waldviertel sowie in Kärnten und in der Steiermark. Die bayerischen Graphitlagerstätten sind im südlichen bayerischen Vorwald, dem Wegscheider Land zwischen Donau im Süden, Hauzenberg im Nordwesten und Wegscheid im Osten konzentriert.

Schüssel aus Kröninger Keramik (Heimatmuseum Bogenberg).

Ein großer Teil der Lagerstätten ist in geringer Tiefe erschließbar und konnte im Tagebau oberhalb der Wassereinbruchsgrenze abgebaut werden. Diese geologischen Besonderheiten und die landwirtschaftliche Betriebsstruktur des unteren Bayerischen Waldes haben zu einer einzigartigen Besonderheit geführt, nämlich zu einer umfangreichen Bergbautätigkeit von Bauern, die sich durch Jahrhunderte nachweisen läßt. Im 18. Jahrhundert waren nicht nur die Graphiterden aus dem unteren Bayerischen Wald, sondern auch mit ähnlichen Verfahren gewonnene Kaolinerden aus dem Passauer Land so begehrt, daß sie trotz hohen Transportaufwands bis zu den sächsischen Manufakturen, ja bis zum braunschweigischen Fürstenberg im Solling, der schnell berühmt gewordenen Manufaktur der Braunschweiger Herzöge, transportiert wurden.

Die Techniken der Verarbeitung in Obernzell unterschieden sich nicht wesentlich von der überall verbreiteten Scheibentechnik, mit der sowohl das Geschirr als auch die Großtiegel hergestellt wurden. Eine Besonderheit waren die Obernzeller Essigkrüge, bauchige Doppelhenkeltöpfe mit eingezogener Halszone, die sich wegen der hervorragenden Formbarkeit des Ausgangsmaterials am besten aus Graphit herstellen ließen und in der Regel zur Aufbewahrung von Essig verwendet wurden.

Fällt das einstmals passauische Hafnergebiet durch die grundstoffbedingte Besonderheit seiner Ware und die Beteiligung der Bauern an der bergbaulichen Gewinnung dieses Grundstoffes auf, so hat das niederbayerische Hafnergebiet des Kröning durch seine im ganzen Deutschen Reich einzigartige Handwerkerdichte eine geschichtliche Sonderstellung.

Hafnerei (Freilichtmuseum an der Glentleiten über Großweil).

Kröning heißt die tertiäre Hügellandschaft südöstlich von Landshut; was der Name besagt, weiß man nicht. Das Hafnergebiet des Kröning findet sich vor allem im Bereich der Bina, einem Nebenfluß der Rott, und ist seit 1300 nachgewiesen. Zahlreiche spätere Zeugnisse belegen die auch auf dem bayerischen Land wirksame freiheitschöpfende Kraft des Handwerks. Die Hafner waren nämlich vom Scharwerk befreit, konnten also über ihre Arbeitskraft unabhängig von den Grund- und Gerichtsherrschaften verfügen. Die Standortgrundlage bildeten die Tongruben in den Hügeln aus dem Tertiär, die wegen ihrer geologischen Schichtung einen technisch einfachen Abbau über Tage erlaubten.

Auch hier hat wieder die Bedeutung der menschlichen Arbeitskraft und seine technischen Fähigkeiten sowie außerordentliche Streuung der landwirtschaftlichen Besitz- und Betriebsgrößen die Entwicklung dieses landgebundenen Handwerks begünstigt. Die Gewerbezählungen des 18. Jahrhunderts weisen für den Kröning 72 Produktionsstätten für Hafnerware aus. Das Handwerk hat auch auf die charakteristischen Bauformen des Gebiets tiefgehend eingewirkt; die Gebäude verfügten alle über einen zweiten Rauchabzug für den Brennofen und eine ungewöhnlich große Zahl größerflächiger Fenster, die die Fassaden gliederten. Die sehr großen Zentralräume der Häuser dienten nicht nur als Wohn- und Lebensraum, sie waren gleichzeitig auch die Werkstätten mit den Drehscheiben für die Formung der Produkte, die Glasurmühlen und die Trockengestelle.

Kennzeichnend für die Hafner ist auch, daß sie mit landesherrschaftlichen und zunftrechtlichen Konzessionen arbeiteten, sich in diesem Punkt also von der Masse der Landhandwerker unterschieden. Dennoch ist auch hier das charakteristische Merkmal des alten bayerischen Landhandwerks erkennbar, nämlich ein wenigstens teilweise erleichterter Zugang zum Gewerbe, auch für nichtzünftische Handwerker. Im Kröning hießen sie die Hafnerwircher. Sie besaßen ein eigenes Anwesen und konnten Familien gründen, erhielten aber keine Konzessionen, sondern arbeiteten im Stücklohn bei den Meistern.

Im Kröning wurden hauptsächlich Schüsseln und Krüge für den Haushaltsgebrauch, aber auch Großgefäße, besonders für die Milchverarbeitung, hergestellt. Die Formgebungen zeigen die beeindruckende künstlerische Gestaltungsfähigkeit der alten Landhandwerker.

Kanne aus Kröninger Keramik (Heimatmuseum Bogenberg).

Man hat in der neueren Wirtschaftsgeschichtsschreibung die Oberpfalz häufig als das „Ruhrgebiet des Mittelalters" bezeichnet. Nach dem Übergang des Gebietes an die kurpfälzische Linie der Wittelsbacher und einem lebhaften Ausbau der Eisenerzgewinnung und -verarbeitung war die Oberpfalz in der Tat das montanwirtschaftliche und montantechnische Zentrum des spätmittelalterlichen Deutschen Reiches. Ihre Bedeutung gründete sich nicht nur auf die Eisenerzvorkommen, die vielfach als Rasenerze leicht abgebaut werden konnten, und die Produktion von Eisen und Stahl jeder Art, sondern auch auf das technologische Wissen und das handwerkliche Können, das sich bei der Bevölkerung angesammelt hatte. Die Oberpfalz war deshalb auch ein Technologiezentrum des späten Mittelalters, aus dem sich die jüngeren Montangebiete des Reiches mit Fachkräften, vor allem mit Hammermeistern, versorgten. Um 1600, also kurz vor der Übernahme der Oberpfalz durch Altbayern, konnten etwa eine Million Zentner Eisenerz gewonnen werden.

In 107 Schieneisenhämmern und 75 Blechhämmern wurden im Jahr 146 000 Zentner Eisenzeuge gewonnen. Ca. 310 000 Festmeter Holz hat man über etwa 1500 Meilerstätten zu Holzkohle verarbeitet – die einzige Energiebasis für die Erzschmelzen. Die Wirtschaftsgeschichte schätzt, daß etwa 25 Prozent der damaligen Erwerbsbevölkerung der Oberpfalz des Mittelalters ihr Einkommen aus der Beschäftigung in der Montanindustrie bezogen. Soweit die mittelalterlichen Quellen dies erkennen lassen, hatte das Oberpfälzer Eisengebiet damit den Leistungsstand seines ersten Höhepunktes um das Jahr 1475 wieder erreicht. Diese Erfolge konnten freilich nicht gehalten werden, schon wenig später, nämlich im Dreißigjährigen Krieg, setzte der Verfall der oberpfälzischen Montanindustrie ein, über dessen Ursachen bis heute keine letzte Klarheit besteht.

Es ist aber anzunehmen, daß drei Faktoren den Ausschlag gegeben haben, nämlich einmal der Energiemangel durch die ständig sinkende Holzproduktion in den standortnahen Wäldern – eine Erscheinung, die sich ab dem Dreißigjährigen Krieg in der gesamten Montanwirtschaft Europas geltend gemacht hat –, zum anderen die außerordentlichen Verluste während des Dreißigjährigen Krieges, von denen vor allem die Bergleute und die Eisenhandwerker betroffen waren. Es ist anzunehmen, daß es hier auch zu Verschleppungen gekommen ist, einfach weil die durchziehenden Armeen an der Gewinnung dieser Fachleute Interesse hatten. Außerdem hat sich der sechsmalige Konfessionswechsel der Oberpfalz seit 1545 katastrophal auf die Gruppe der Bergleute und der Eisenhandwerker ausgewirkt. Sie gehörten vielfach noch der protestantischen beziehungsweise calvinistischen Konfession an und mußten nach dem Übergang der Oberpfalz auf Altbayern das Land verlassen. Schließlich dürfte auch die Verstaatlichung eines wesentlichen Teiles der Eisenindustrie durch Bayern eine Rolle gespielt haben, die das Ende der alten Oberpfälzer Hammereinung, also des Zusammenschlusses der Privatunternehmer in der Montanwirtschaft, bedeutete, die von 1387 bis 1624 zwei Drittel des gesamten Wirtschaftszweiges umfaßt hatte. Bayern konnte sich durch die Verstaatlichung der Amberger Erzgruben, aus denen 47 Prozent der Rohstoffe für die Hammerwerke kamen, eine Schlüsselstellung gegenüber den Verarbeitern sichern, die sich auf die Strukturen und Besitzvielfalt äußerst nachteilig ausgewirkt hat.

Schon eine Generation später, nämlich um 1660, arbeiteten nur noch etwa ein Viertel der alten Produktionsstätten. Erst am Ende des 18. Jahrhunderts kam es wieder zur Belebung der Oberpfälzer Montanwirtschaft, die Erzförderung, die auf etwa 25 000 bis 30 000 Zentner zurückgegangen war, stieg wieder auf etwa 250 000 Zentner an.

Förderhaspel (Bergbaumuseum Theuern, Oberpfalz).

In der ganzen Oberpfalz gab es 51 eisenverarbeitende Betriebe, damit etwa 20 mehr als zur Mitte des 18. Jahrhunderts. Haupterzlieferanten waren die Amberger und Sulzbacher Gruben.

Wie sehr die Gesamtbedeutung dieses Gewerbezweiges seit dem Mittelalter zurückgegangen ist, zeigen die Beschäftigungszahlen. Sie betrugen um 1600 etwa 12 000 Personen, einschließlich der Werkknappen in den Erzgruben, der Betriebs- und Hammerschmiede, der Holzknechte und der Fuhrleute. 1800 waren es dann noch 1680 Personen oder ganze drei Prozent.

Die große Bedeutung der mittelalterlichen und frühneuzeitlichen Montanwirtschaft der Oberpfalz ist vor allem ihrer handwerklichen Struktur zuzuschreiben. Die offenen Schmelzfeuer und Hochöfen sowie die Abbaustätten der Erzlager waren kleine Betriebe, sie waren beweglich, konnten sowohl neuen Erzfunden wie neuen Energievorräten nachwandern und kamen mit geringen Vorhalteinvestitionen und vor allem mit sehr bescheidenen Abschreibungssätzen aus.

Auch hier ist ein Blick auf die Techniken nützlich, die in der Oberpfälzer Montanwirtschaft bis zum Übergang auf industrielle Abbau- und Verarbeitungsweisen am Ende des 19. Jahrhunderts üblich waren. Im späten Mittelalter wurde das schon aus der Vorzeit bekannte sogenannte Rennverfahren, bei dem das eisenhaltige Erz in einem Fließgraben geschmolzen und am Ende über einem Wasserbecken gekühlt wurde, durch das Ofenverfahren abgelöst. Es ist seit dem Jahre 1464 überliefert, und zwar durch eine italienische Beschreibung. Bezeichnenderweise erreicht die Eisenindustrie der Oberpfalz wenige Jahrzehnte später ihren höchsten Entwicklungsstand. Das Verfahren bedeutete den Übergang zur indirekten Eisenherstellung, wobei Reduktionsvorgänge, wie das Abscheiden des Eisens vom Stahl im Ofen, möglich wurden.

Der wesentliche Fortschritt bestand nicht nur in der Verwendung eines feuerfesten Schmelzraumes, aus dem sich im Laufe der Zeit mit wachsender Höhe der Hochofen entwickelte, sondern noch mehr in dem Lufteintrag, der über den Betrieb von Großblasebälgen erreicht wurde, die eine Länge von 3,5 Metern und eine Breite von 2,5 Metern hatten. Im Mittelalter erbrachte ein solcher Schmelzofen eine Leistung von 1,6 Tonnen pro Tag bei einer Höhe von 4,5 Metern, um 1800 eine Leistung von etwa 15 Tonnen pro Tag bei einer Höhe von 14 Metern. Der Hauptfortschritt lag allerdings nicht so sehr in der Vergrößerung des Schmelzraumes nach oben, sondern in der Entwicklung von Holzgebläsen, die mit Wasserkraft angetrieben werden konnten.

Sie sind eine Erfindung des Hüttengebietes im Harz und haben sich in dem recht innovationsfreudigen 16. Jahrhundert dann auch in der Oberpfalz und im Siegerland sowie in der Steiermark durchgesetzt. Ein wesentlicher Teil der Konkurrenzfähigkeit der oberpfälzischen Hüttenbetriebe lag allerdings gerade in ihrer technischen Beweglichkeit. Die Kleinunternehmer haben noch im 17. Jahrhundert mit dem vorzeitlichen Rennverfahren gearbeitet und damit die schon erwähnte Ausnützung auch kleinster Erzlagerstätten ermöglicht. Der Übergang auf verbesserte Techniken der Metallgewinnung brachte der Oberpfalz den so erfolgreichen Übergang auf die spezialisierte Blechproduktion – seit 1475 arbeiteten im Montangebiet

*Grabplatte eines Hammerherren
(ehem. Benediktiner-Abtei, Ensdorf, Opf.).*

der Oberpfalz 62 Blechhämmer –, so daß diese alten Produktionslandschaften über lange Zeiträume auf dem europäischen Markt zuerst in der Blecherzeugung, dann auch in einer spezialisierten Weißblechproduktion ein mitteleuropäisches Monopol hatten. Die Entstehung der Drahtziehereien, die auf Nürnberg zurückgeführt wird, hatte in diesen Spezialqualitäten der Oberpfalz ihre technische Grundlage.

Noch im 16. Jahrhundert galt die Oberpfalz als eines der einträglichsten Fürstentümer des Deutschen Reiches; Amberg wurde als wahre Goldgrube für die Heidelberger Kurfürsten geschätzt. Zeitgenössische Angaben, nach denen die Textilhandwerker etwa 140 Tage des Jahres an ihren Webstühlen arbeiteten, lassen sich in einen sinnfälligen Zusammenhang mit dem Arbeitsbedarf der landwirtschaftlichen Heimstätten dieser Bevölkerungsgruppe bringen. Sie gehörten nach der zeitgenössischen Betriebsschätzung überwiegend zur Gruppe der „1/8 bis 1/32 Höfe", wie die alte bayerische Hoffußsystematik diese Betriebsgrößeneinreihung ausdrückt.

Kaum zu überschätzen ist bei dieser Gestaltung des wirtschaftsgeschichtlichen Schicksals der Oberpfalz der Einfluß des Energieproblems. Offenbar hat die ständige Verkleinerung der Energiebasis – es hat eben auch in historischen Zeiten schon ein Wäldersterben gegeben – diese frühe Rückwendung zur Landwirtschaft stark begünstigt.

Besonders bemerkenswert ist aber bei all diesen Höhen und Tiefen die gleichmäßige soziale Entwicklung, die erst in der Gegenwart im Gewerbebereich größeren Erschütterungen ausgesetzt ist.

Eisenvotiv in Gestalt eines Beines
(Bergbaumuseum Ostbayern,
Theuern, Oberpfalz).

Die große Hammereinung von 1387, Zusammenschluß von Amberg
und Sulzbach zum Eisenmonopol (galt 250 Jahre).
(Bergbaumuseum Ostbayern, Theuern, Opf.).

Das 19. Jahrhundert: Zeit der Gewerbefreiheit

Bayern kennt keine größeren Sozialkrisen. Diese Beobachtung wird zwar immer wieder hervorgehoben, sie trifft auch zu, mindestens wenn man die schweren Sozialkrisen anderer Gebiete Deutschlands und der meisten Nachbarländer zum Maßstab nimmt, aber erklärt wurde diese Erscheinung bisher noch kaum. Zwar gibt es mancherlei Mutmaßungen über die Ursachen, die sich besonders gern bei der Mentalität der Bevölkerung aufhalten, aber sie befriedigen nur wenig und können auch kaum überzeugen. Vor allem, wenn berücksichtigt wird, daß sich dieses Ausbleiben von Krisen auch in Gebieten mit ganz anderen traditionellen Mentalitäten, wie in Franken und Schwaben, beobachten läßt, nachdem sie staatliche Bestandteile Bayerns geworden sind. Sicherlich finden sich viele Erklärungsmöglichkeiten in der Agrar- und Gewerbegeschichte, in der breiten Streuung handwerklicher Erwerbsformen über das gesamte Siedlungsgebiet, in der Beteiligung breiter Bevölkerungsschichten an den unterschiedlichsten Formen der wirtschaftlichen und sozialen Selbständigkeit, in der seit jeher ebenso breiten Einkommensstreuung und der hohen Eigentumsquote.

Wenn diese Erklärungsversuche hier auch nicht näher ausgeführt werden können, so sollen doch diese Hinweise dazu dienen, darauf aufmerksam zu machen, daß die Gründe für eine im Ganzen günstige Sozialentwicklung, wie sie bis heute anhält, vor allem im Bereich der Strukturen- und Wirtschaftsgeschichte und da wieder besonders in der Agrar- und Handwerksgeschichte zu suchen sind. Daß es bei diesem Ausbleiben von Krisen geblieben ist, muß vor allem für das 19. Jahrhundert sehr verwundern. Es wird gekennzeichnet durch die volle Durchsetzung des Staatsabsolutismus, durch die uneingeschränkte Verwirklichung des staatlichen Monopols der Rechtsetzung und Rechtsprechung, der höherstufigen Verwaltung und der Politik sowie durch die freilich recht wechselnde Anwendung liberaler Prinzipien des wirtschaftlichen Verhaltens in Gesellschaft und Staat. Hinzu kommen bis dahin beispiellose technische Entwicklungs- und Innovationsschübe, die allerdings, und dies wird meist noch viel zu wenig beachtet, ihre geistigen Wurzeln und ihre wissenschaftlich-technische Vorbereitung meist schon im 18. Jahrhundert gefunden hatten. Daran war das Handwerk in allen deutschen Reichsteilen ebenso beteiligt, wie diese Innovationen auf zahlreiche Autodidakten der Ingenieurswissenschaften zurückgehen, die meist ebenfalls wieder aus dem Handwerk hervorgegangen sind. Oft haben sie auf diese Weise Auswege aus den erstarrten Sozial- und Beschäftigungsstrukturen gefunden.

Diese großen technischen Schübe haben, ausgehend zum einen von der Textil- und zum anderen von der Energiewirtschaft, nahezu alle Bereiche der Produktion, dann des Verkehrs, anschließend der Rohstoffgewinnung und schließlich der Organisation von Produktion, Vertrieb und Transport erfaßt. Es braucht kaum noch einmal beschrieben zu werden, wie das alte Handwerk, ein großer Teil der traditionsgebunden landwirtschaftlichen Produktionsformen sowie die Grundformen der Industrie von diesen Entwicklungswellen verwandelt worden sind. Man kann sagen, daß der „Herbst des alten Handwerks" (M. Stürmer) mit dem Aufkommen der neuen Technik und der Verkehrswirtschaft in einen „Winter" und schließlich in den Tod dieses alten Handwerks übergegangen ist.

Bayern hat hier keine Ausnahme gemacht, vor allem das Universalhandwerk der vorindustriellen Zeit schlechthin, das Textilhandwerk, ist von diesen Entwicklungsbewegungen genauso weggeschwemmt worden wie in allen anderen Teilen Europas auch. Es erwies sich als zu schwach, um der Konkurrenz der mechanisierten Fertigungsverfahren und den neuen Vertriebsformen standhalten zu können, die aus England und Belgien übernommen worden waren. Die Tatsache, daß vereinzelt versucht wurde, an diesen Innovationsschüben rechtzeitig teilzunehmen – der erste mechanisierte Webstuhl Bayerns stand bereits im Jahre 1808 in Tirschenreuth – hat daran nichts zu ändern vermocht.

Eine Vielzahl anderer Handwerke ist denselben Weg gegangen, unterstützt durch die Anwendung liberaler Prinzipien des Wirtschafts- und Gewerberechts. Die Zurückdrängung der Zünfte in Bayern ab 1808, das liberalere Gewerbekonzeptionsrecht, das sich in Stufen durchgesetzt hat, sobald die neue Staatsorganisation unter Montgelas anwendbar geworden war, und schließlich der Übergang zur völligen Gewerbefreiheit von 1834 bis 1849 kennzeichnen diese Entwicklung zum Liberalismus. Sie hat mit den Mißbräuchen der Zünfte, vor allem mit dem als nunmehr unerträglich empfundenen Anspruch der Zünfte, das gesamte Leben ihrer Mitglieder beherrschen und reglementieren zu können, aufgeräumt, zugleich aber auch die sinnvollen ordnungstiftenden und prozeßlenkenden Funktionen der Zünfte im Bereich von Produktion, Angebot und Vertrieb beseitigt.

Es sollte sich noch im 19. Jahrhundert erweisen, daß am Ende auf viele dieser Funktionen, namentlich im Bereich der Ausbildung, also der Weitergabe von Technik-, Arbeits- und Organisationswissen von Generation zu Generation, nicht verzichtet werden konnte. Es hat trotz dieser prinzipiell gleichen Entwicklung in Bayern zwar vielfältige örtliche Krisen, auch Branchenkrisen aller Art gegeben, es ist aber nirgends zu so katastrophalen Entwicklungen gekommen wie in den alten Gewerbeballungsgebieten Schlesiens oder Westfalens, um nur zwei Beispiele zu nennen, die gerade durch ihre literarische Verarbeitung ins allgemeine Bewußtsein dringen und dort auch bleiben konnten, wie die bis heute nicht vergangene literarische Berühmtheit des schlesischen Weberdramas in der Gestaltung von Gerhart Hauptmann erkennen läßt.

Die recht vielfältigen gewerbestatistischen Überlieferungen des 19. Jahrhunderts geben gewisse Aufschlüsse über die Gründe, die den wesentlich schonender verlaufenden Wandlungsprozeß in Bayern bestimmt haben. Bei der letzten Handwerkszählung vor den großen bayerischen Gebietsänderungen tritt ein Handwerkeranteil an der Gesamtbeschäftigtenzahl von etwa 18 Prozent zutage. Ein Menschenalter später, nämlich um 1825, war dieser Anteil schon auf 25 Prozent der Gesamtbevölkerung angestiegen. Das liberale Gewerbekonzessionsrecht zeigt hier seine Wirkungen. Die Klagen über die Überbesetzung der Handwerke auf dem Lande nehmen von da an ständig zu. Sie beziehen sich vor allem auf die Massenproduktionshandwerke und hier wieder in erster Linie auf das Textilhandwerk. Dieses Handwerk war wieder auf landwirtschaftliche Zuarbeit angewiesen.

Nur wenige Jahre später, nämlich 1837, war trotz der 1834 mit einer neuen Gewerbeordnung eingeführten vorübergehenden Restruktionen bei der Genehmigung von Neugründungen selbständiger Handwerksstätten dieser Anteil noch einmal kräftig, nämlich auf 35 Prozent, angestiegen. Zum erstenmal läßt sich jetzt aber auch erkennen, wie stabil die alten Formen der Erwerbskombinationen geblieben waren. 12 Prozent der Bevölkerung wurden zur Landwirtschaft mit gewerblichem Zuerwerb, 10 Prozent zum Handwerk mit landwirtschaftlichem Zuerwerb und 12 Prozent zum reinen Handwerk und Gewerbe gerechnet. Im 17. und 18. Jahrhundert hat es kaum anders ausgesehen, soweit die damaligen Statistiken eine solche Aufgliederung zulassen. Auch ein Menschenalter später hatte sich noch kaum etwas geändert, in ganz Bayern gab es damals etwa 240 000 Gewerbekonzessionen, die sich auf etwa 153 000 Betriebsinhaber verteilten.

Diese rund 153 000 Handwerksbetriebe haben etwa 170 000 losgesprochene Gesellen und etwa 100 000 Lehrlinge beschäftigt. An der Beschäftigungsstruktur hatte sich also auch nicht viel geändert; pro Betrieb waren 1,5 bis 1,8 Arbeitskräfte tätig, eine Erscheinung, die sich genauso schon im 17. und 18. Jahrhundert beobachten läßt. Wieder eine Generation später, 1882, hatten sich die Beschäftigtenzahlen ebenso kräftig erhöht wie die Zahl der Meister. In ganz Bayern gab es zu dieser Zeit etwa 253 000 selbständige Handwerker mit etwa 280 000 Gehilfen und Lehrlingen. Die Erwerbs- und Beschäftigungsstabilität blieb also ungebrochen, ungeachtet der außerordentlich stürmischen und gerade zwischen 1860 und 1880 vielfach krisenhaften Entwicklung.

1868, am 30. Januar, also noch während des Bestehens des Deutschen Zollvereins, der die Kompetenz zur Gewerbegesetzgebung bei den Einzelstaaten belassen hatte, wurde in Bayern die volle Gewerbefreiheit endgültig eingeführt. Der Zunftzwang verschwand nun für immer, Konzessionspflicht gab es nur noch in der Verkehrs- und Kreditwirtschaft, bei Apotheken, Gastwirtschaften sowie bei einigen Gewerbearten, die wegen ihrer Bedeutung für die Versorgung der Bevölkerung und die Wahrung gesundheitspolizeilicher Anforderungen schon im 18. Jahrhundert besonderen Vorschriften unterlegen hatten. Im wesentlichen ist es bei diesen Prinzipien bis heute geblieben, wobei sich freilich eine immer größere Dichte staatlicher Eingriffe im Bereich des Gewerbebetriebsrechtes herausgebildet hat.

Bemerkenswert an der Entwicklung des 19. Jahrhunderts ist nicht zuletzt, daß der Liberalismus gegenüber dem Kleingewerbe und dem Handwerk am längsten erhalten blieb, nachdem er gegenüber Landwirtschaft und Großindustrie durch die Umkehr in der Reichszollpolitik von 1878 rasch aufgegeben worden war. Das eben geschaffene Reich war auf diesen Gebieten zum Protektionismus übergegangen, das norddeutsche Gewerbegesetz, das 1872 auch in Bayern Geltung bekam, erhielt dagegen das Prinzip des freien Wettbewerbs im Handwerk bis in die neunziger Jahre hinein aufrecht. Dann zeigte sich, daß diese Politik nicht mehr länger durchzuhalten war; das Handwerk war in allen Reichsteilen aus zwei Richtungen in Bedrängnis geraten. Einmal war es der oft bis zu Auswüchsen jeder Art gediehene innere Wettbewerb, zum anderen die Industriekonkurrenz bei der Herstellung von

Massenverbrauchsgütern. Hier konnte das Handwerk kaum noch konkurrenzfähig sein. Der später von dem Volkswirtschaftstheoretiker Werner Sombart besonders betonte große Ausweg des Handwerks in das Reparatur- und Wartungsgeschäft war noch nicht überall und noch nicht voll gangbar, nicht zuletzt, weil es an den notwendigen Qualifikationen bei der Mehrheit der Handwerker fehlte.

Hier setzte das Handwerkerschutzgesetz von 1897 ein, es knüpfte wieder an alte zünftische Traditionen und hob die Ausbildungsanforderungen an, zugleich wurde die Bildung von Zwangsinnungen ermöglicht. Damit waren wesentliche Ordnungselemente der mittelalterlichen und frühneuzeitlichen Handwerksverfassung wieder aufgenommen worden. Bayern ging einen Schritt weiter und nutzte die Möglichkeiten, die der Reichsgesetzgeber offengelassen hatte, zum Erlaß eines Sonderstatuts von 1899, das zur Grundlage der Bildung von Handwerkskammern als Spezialvertretungen des Kleingewerbes geworden ist.

1900 wurden in allen bayerischen Regierungsbezirken Handwerkskammern neben die bestehenden Handelskammern gesetzt, von Anfang an stand die Ordnung, Gestaltung und Überwachung des Ausbildungswesens im Vordergrund. In den Geschäftsberichten der alten Handels- und Gewerbekammer findet sich zu diesen Fragen stets nur Beiläufiges, es wird von gelegentlichen Bildungsmaßnahmen, zum Beispiel bei den Töpfern durch Veranstaltung von Kursen, berichtet, auch tauchen zuweilen Resolutionen zu Vorschlägen über eine Verbesserung der Vorschriften über die Lehrlingsausbildung auf, aber sonst gibt es auf diesem Gebiet keine weiterentwickelte Tätigkeit.

Im 18. Jahrhundert ist die Handwerkspalette Bayerns kaum weniger bunt gewesen als noch um 1925; nahezu stabil sind auch die Betriebsgrößenverhältnisse geblieben. Noch bis Anfang der fünfziger Jahre dieses Jahrhunderts beschäftigte ein Handwerksbetrieb durchschnittlich 1,9 Arbeitskräfte, im „Herbst des alten Handwerks" – zwischen 1730, dem Jahr des letzten großen Reichshandwerkergesetzes des alten Deutschen Reiches, und 1810 – waren es 1,6 Arbeitskräfte gewesen. Die Vielfalt ist also erhalten geblieben, nur die innere Zusammensetzung nach den einzelnen Handwerksarten hatte sich in dieser Zeit fundamental geändert. Der alte Land- und Heimhandwerker, oft an einen Verleger gebunden, der Serienproduktion betrieb und nur einen Teil seiner Arbeitskraft im Gewerbe verwertete, der zunftfrei war und sich nur selten an Ausbildungsordnungen oder Qualitätsnachweise hielt, war untergegangen, aber die Berufsgruppe hat sich durch die Aufnahme neuer Tätigkeiten ihre Beweglichkeit bewahrt.

Wenn es auch in den Quellen kaum erwähnt wird, hat dazu wohl eine technische Entwicklung ganz besonders beigetragen: die Einführung des Elektromotors. Er hat Energie beliebig teilbar gemacht, hat ihr Ortsbeweglichkeit gegeben und die Möglichkeit eröffnet, Antriebe jeder Art auch mit kleinsten Geräten zu verbinden, die überall eingesetzt werden können. Gegenüber der kapital- und raumaufwendigen, umständlichen Technik der Energiegewinnung und Energieübertragung aus der Dampfspannung bedeutete dies eine Innovation des Jahrtausends, die auch die meisten gesellschaftspolitischen Utopien der Jahrzehnte der Krise des Handwerks, des Kleingewerbes und der bäuerlichen Landwirtschaft widerlegt hat.

Register

Literatur

Abel, W.: Geschichte der deutschen Landwirtschaft vom frühen Mittelalter bis zum 19. Jahrhundert. Stuttgart 1967

Aubin, H./Zorn, W.: Handbuch der deutschen Wirtschafts- und Sozialgeschichte. 2 Bd. Stuttgart 1971 + 1976

Fischer, W.: Quellen zur Geschichte des deutschen Handwerks. Berlin 1957

Gebhard, T./Sperber, H.: Alte bäuerliche Geräte aus Süddeutschland. München 1978

Haushofer, H.: Geschichte der deutschen Landwirtschaft im technischen Zeitalter. Stuttgart 1963

Junkelmann, M.: Die Legionen des Augustus. Mainz 1987

Neuburger, A.: Die Technik des Altertums. Leipzig 1919 (neu 1977)

Spindler, M. (Hrsg.): Handbuch der Bayerischen Geschichte. 3. Aufl., Bd. 1–6. München 1975

Stutzer, D.: Gemischte ländliche Sozialgruppen im alten Bayern. In: Wittelsbach und Bayern. Katalog der Ausstellung 1980 III Bd. München 1980

Stürmer, M.: Herbst des alten Handwerks. München 1979

Troitzsch, U./Weber, W. (Hrsg.): Die Technik. Braunschweig 1982

Winzer, F. (Hrsg.): Kulturgeschichte Europas. Von der Antike bis zur Gegenwart. Braunschweig o. J.

7000 Jahre Handwerk und Technik. Enzyklopädisches Lexikon unserer technischen Kultur. Herrsching o. J.

Bildnachweis

Titel (Schmiede im Freilichtmuseum des Bezirks Oberbayern, An der Glentleiten über Großweil bei Murnau): Bildarchiv Huber

Wilfried Bahnmüller: S. 6, 18, 27, 28, 35, 51 (2), 71, 73, 77, 80, 83, 85

Bildarchiv Huber: S. 21, 23, 57, 61, 65, 75

Eva Naske-Jaenisch: S. 14, 15, 17, 45, 49 (alle Aufnahmen aus dem Freilichtmuseum des Bezirks Oberbayern, An der Glentleiten über Großweil bei Murnau)

Achim Sperber: S. 67

Wilkin Spitta: S. 69